Impressum
Verlag: BABADADA GmbH, Nedderfeld 112 , 22529 Hamburg
Geschäftsführer / Verlagsleitung: Harald Hof
Druck: Books on Demand GmbH, In de Tarpen 42, 22848 Norderstedt

Imprint
Publisher: BABADADA GmbH, Nedderfeld 112 , 22529 Hamburg, Germany
Managing Director / Publishing direction: Harald Hof
Print: Books on Demand GmbH, In de Tarpen 42, 22848 Norderstedt

σχολείο
sukuu

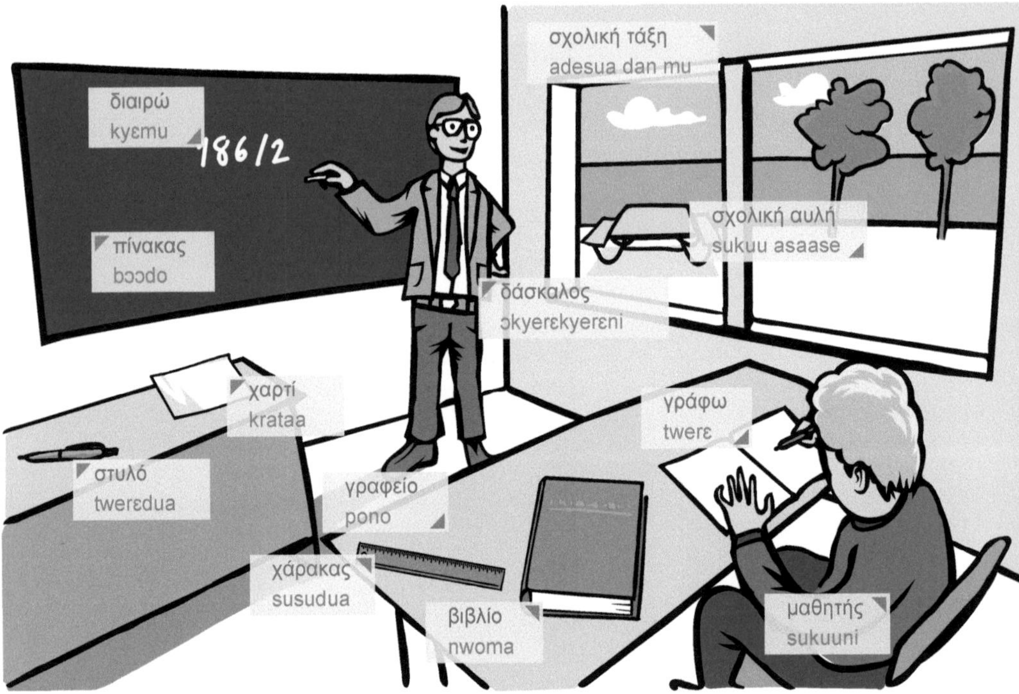
σχολική τάξη
adesua dan mu
διαιρώ
kyɛmu
186/2
πίνακας
bɔɔdo
σχολική αυλή
sukuu asaase
δάσκαλος
ɔkyerɛkyerɛni
χαρτί
krataa
γράφω
twerɛ
στυλό
twerɛdua
γραφείο
pono
χάρακας
susudua
βιβλίο
nwoma
μαθητής
sukuuni

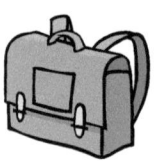

σχολική τσάντα

baage

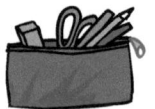

κασετίνα/ μολυβοθήκη

adeɛ wɔde twerɛdua hyɛ mu

μολύβι

twerɛdua

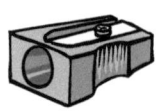

ξύστρα

adea wɔde sensene twerɛdua ano

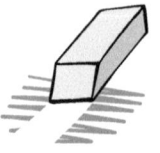

γόμα

rɔba

μπλοκ ζωγραφικής

drɔɔwin nkrataa

ζωγραφική

drɔɔwin

πινέλο

adeɛ a wɔde bɔ akaadoo mu

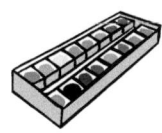

κουτί χρωμάτων

akaadoo adaka

ψαλίδι

apasoɔ

κόλλα

aduro a wɔde sɔ nnooma bɔ mu

τετράδιο ασκήσεων

krataa wɔyɛ dwumadie wɔ mu

εργασία για το σπίτι

efie adwuma

αριθμός

nɔma

προσθέτω

ka bom

αφαιρώ

te frim

πολλαπλασιάζω

fabaho

υπολογίζω

bo ho nkonta

γράμμα

atwerɛdeɛ

αλφάβητο

atwerɛdeɛ

λέξη

asɛm

κείμενο

atwerɛ

διαβάζω

kan

κιμωλία

chalk

μάθημα

adesua

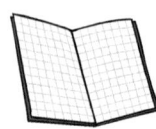

εγγράφομαι

krataa a din ahodoɔ wɔ mu

τεστ

nsɔhwɛ

πιστοποιητικό

nimdeɛ krataa

μαθητική στολή

sukuu ataadeɛ

εκπαίδευση

adesua

εγκυκλοπαίδεια

encyclopedia

πανεπιστήμιο

suapon kɛseɛ

μικροσκόπιο

afidie a wɔde hwɛ adeɛ
aniwa ntumi nhunu

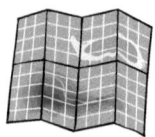

χάρτης

asaase mfonin a ɛwɔ krataa
so

καλάθι αχρήστων

kɛntɛn a wɔde krataa na ayɛ
a wɔde nwura gu mu

ταξίδι
akwantuo

ξενοδοχείο
ahomegyebea
Grand
ξενώνας
atenaeɛ
ROOMS
ανταλλακτήρια συναλλάγματος
baabi aa yɛsesa
EXCHANGE
βαλίτσα
baage a wɔde nnoɔma gu mu
αυτοκίνητο
kaa

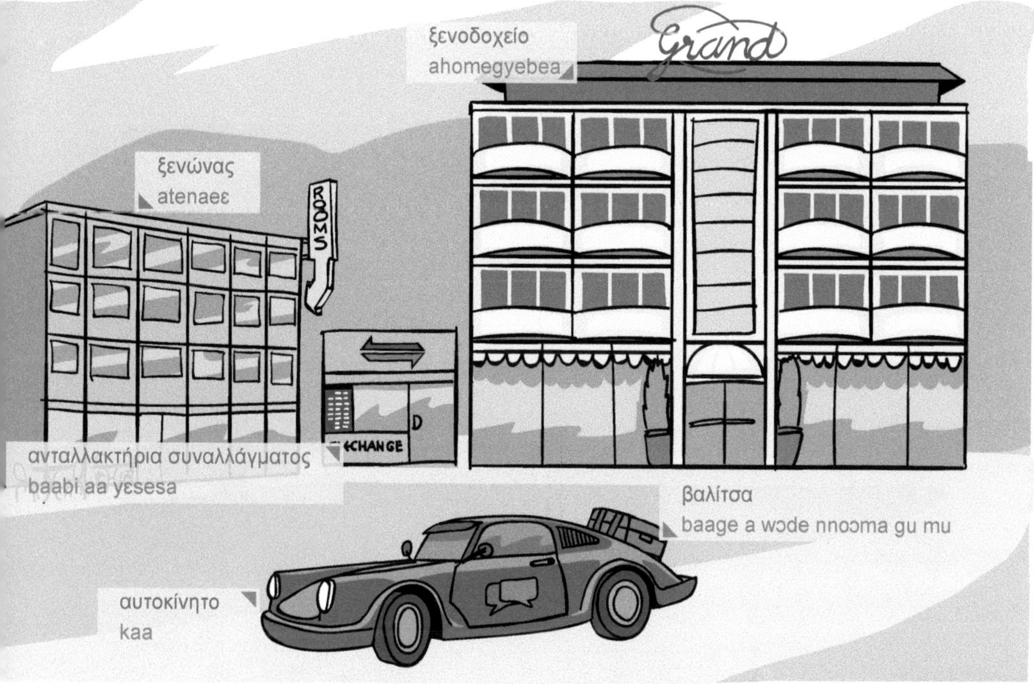

γλώσσα

kasa

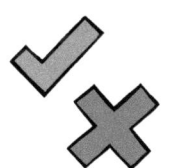

ναι / όχι

aane / daabi

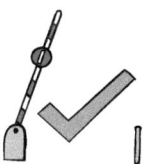

εντάξει

Yoo

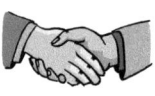

γεια σου

hɛlo

μεταφραστής

deɛ wɔkyerɛkyerɛ kasa ase

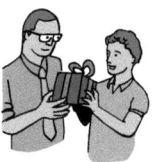

Ευχαριστώ

Medaase

πόσο κάνει ;

... εγε sεn?

Δε καταλαβαίνω

Menteasεε

πρόβλημα

ɔhaw

Καλησπέρα!

Maadwo!

Καλημέρα!

Maakye!

Καληνύχτα!

Da yie!

Αντίο

nante yie

κατεύθυνση

akwankyerε

αποσκευές

nnɔɔma a wɔde tu kwan

τσάντα

kɔtɔkuo

σακίδιο πλάτης

baage a yεde bɔ yakyi

καλεσμένος

ɔhɔhoɔ

δωμάτιο

danmu

υπνόσακος

bag a yεda mu

σκηνή

ntomadan

τουριστικές πληροφορίες
adesrafɔɔ nsεm

παραλία
po ano

πιστωτική κάρτα
krεdit kaade

πρωινό
anopa aduane

μεσημεριανό
awia aduane

δείπνο
anwumerε aduane

εισιτήριο
tikiti

ανελκυστήρας
pagya

γραμματόσημο
agyinahyεdeε

σύνορα
εhyeε

τελωνείο
adwumayεfɔɔ a wɔgyina
aman mmienu hyeε so

πρεσβεία
ɔman bi asoeε

βίζα
akwantuo krataa

διαβατήριο
akwantuo krataa

μεταφορά
ɛhyɛn

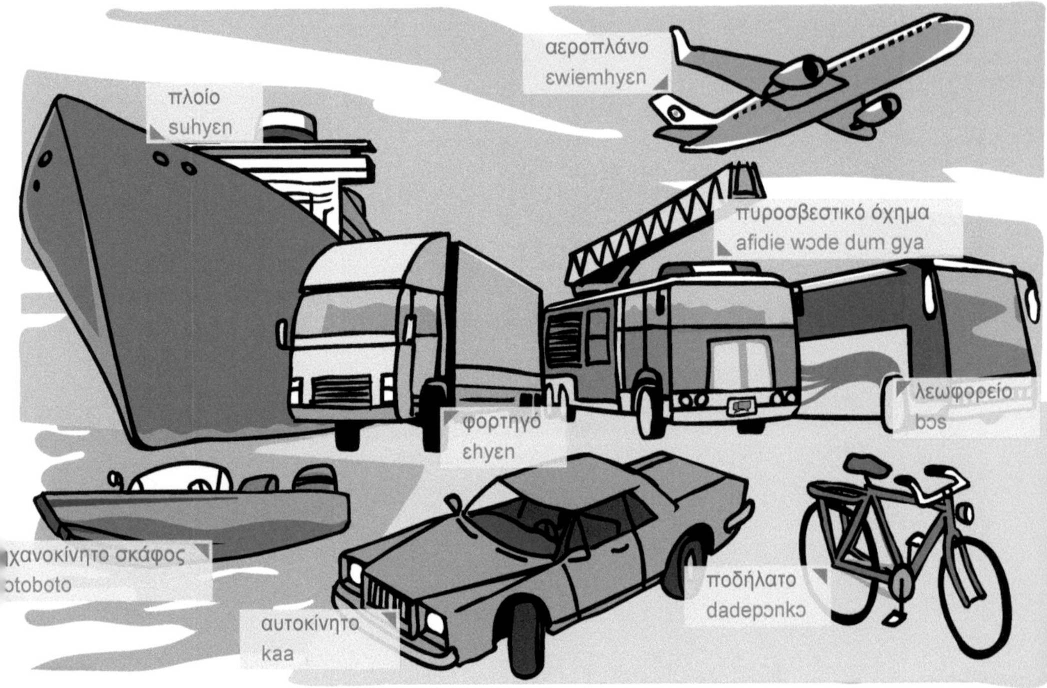

πλοίο
suhyɛn
αεροπλάνο
ɛwiemhyɛn
πυροσβεστικό όχημα
afidie wɔde dum gya
φορτηγό
ɛhyɛn
λεωφορείο
bɔs
ιχανοκίνητο σκάφος
ɔtoboto
αυτοκίνητο
kaa
ποδήλατο
dadepɔnkɔ

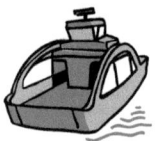

φεριμπότ

subonto

βάρκα

suhyɛn

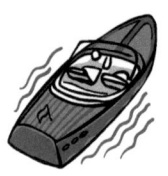

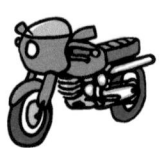

μοτοσικλέτα

dadepɔnkɔ

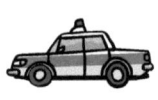

περιπολικό

apolisifoɔ kaa

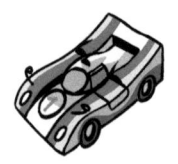

αγωνιστικό αυτοκίνητο

kaa a wɔde si akan

ενοικιαζόμενο αυτοκίνητο

hyɛn aa yɛ hain

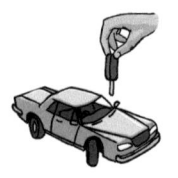

διαμοιρασμός αυτοκινήτων

kaa a wɔde ma obi de di dwuma

γερανός

kaa a wɔde twe ɛhyɛn a asɛe

απορριμματοφόρο

bɔɔla kaa

κινητήρας

moto

καύσιμο

ngo

βενζινάδικο

beaɛ a wɔtɔn pɛtro

πινακίδα σήμανσης

trafik ahyɛnsodeɛ

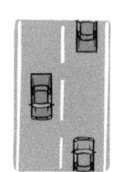

κυκλοφορία

trafik

κυκλοφοριακή συμφόρηση

ɛhyɛn ntumi nkɔ ntɛm

χώρος στάθμευσης

kaa gyinabea

σιδηροδρομικός σταθμός

keteke steshin

σιδηροδρομικές γραμμές

ketekye kwan

τρένο

ketekye

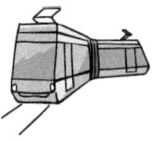

τραμ

ketekye

βαγόνι

afidie a wɔtena mu wɔ wiem tu kwan

ελικόπτερο

ewiemhyεn

αεροδρόμιο

dadεεanoma gyinabea

πύργος

dan tentene

επιβάτης

obi a wɔforo hyεn

εμπορευματοκιβώτιο

adaka

χαρτοκιβώτιο

adaka

καρότσι

teaseεnam

καλάθι

kεntεn

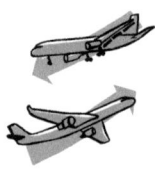

απογειώνομαι /
προσγειόνομαι

tu / si fam

πόλη

kuropɔn

χωριό

akurase

κέντρο της πόλης

kuropɔn hyiabea

σπίτι

efie

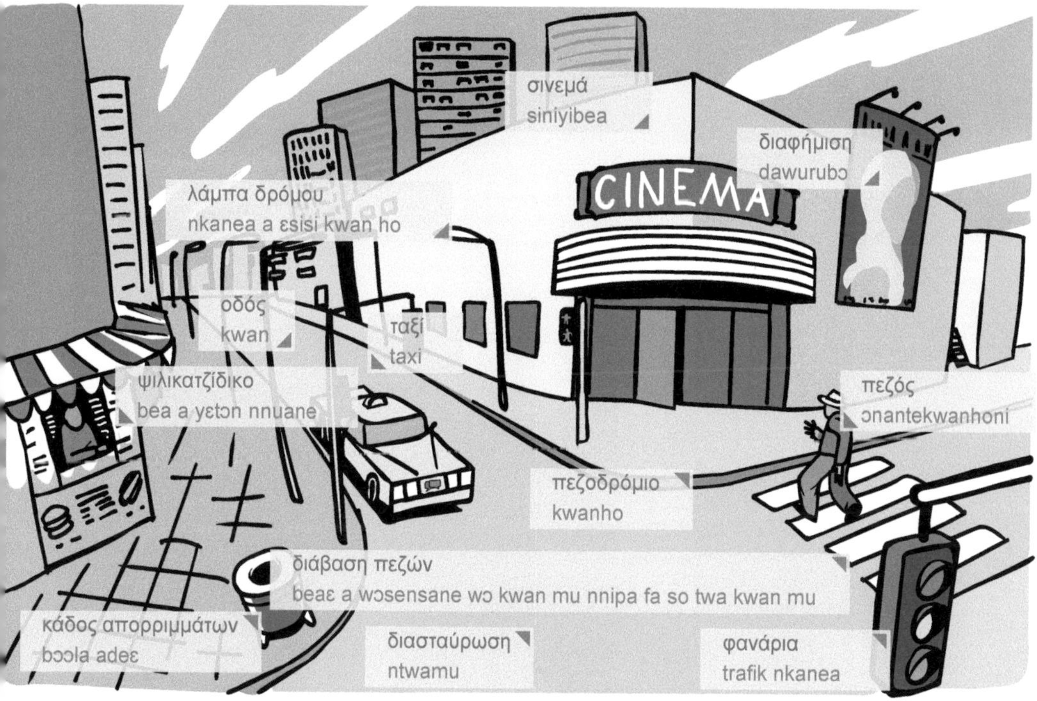
σινεμά
siniyibea
διαφήμιση
dawurubɔ
CINEMA
λάμπα δρόμου
nkanea a ɛsisi kwan ho
οδός
kwan
ταξί
taxi
ψιλικατζίδικο
bea a yɛtɔn nnuane
πεζός
ɔnantekwanhoni
πεζοδρόμιο
kwanho
διάβαση πεζών
beaɛ a wɔsensane wɔ kwan mu nnipa fa so twa kwan mu
κάδος απορριμμάτων
bɔɔla adeɛ
διασταύρωση
ntwamu
φανάρια
trafik nkanea

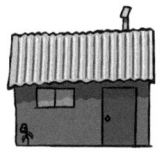

καλύβα

ntaabodan

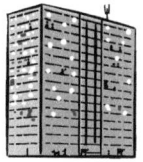

διαμέρισμα

tenabea

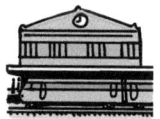

σιδηροδρομικός σταθμός

keteke steshin

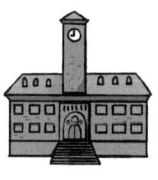

δημαρχείο

kurom nhyiadanmu

MUSEUM

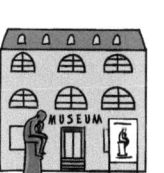

μουσείο

mesiɔm

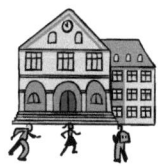

σχολείο

sukuu

πανεπιστήμιο

suapon kɛseɛ

τράπεζα

sikakorabea

νοσοκομείο

asopiti

ξενοδοχείο

ahomegyebea

φαρμακείο

beaɛ a wɔtɔn nnuro

γραφείο

ɔfise

βιβλιοπωλείο

beaɛ a wɔtɔn nwoma

κατάστημα

beaɛ a wɔtɔn adeɛ

ανθοπωλείο

nhwiren kuani

σούπερ μάρκετ

dwakɛseɛmu

αγορά

dwamu

πολυκατάστημα

asoɛɛ sotɔɔ

ιχθυοπωλείο

nnam tɔnfo

εμπορικό κέντρο

adetɔ beae

λιμάνι

suhyɛn gyinabea

πάρκο

agodibea

παγκάκι

akonnwa

γέφυρα

nsamsɔɔ

σκάλες

adeɛ wɔee foro aborosan

μετρό

asaasease

τούνελ

tɔkuro a w'atu no asaase
mu de ayɛ kwan

στάση λεωφορείου

ɛhyɛn gyinabea

μπαρ

nsanombea

εστιατόριο

adidibea

γραμματοκιβώτιο

krataa adaka

πινακίδα δρόμου

kwan ahyɛnsodeɛ

παρκόμετρο

kaagyinaho meta

ζωολογικός κήπος

mmoakurabea

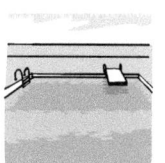

πισίνα

nsuo a wɔdware mu

τζαμί

masalakyi

αγρόκτημα

afuo

ρύπανση

ewiem sɛɛɛ

νεκροταφείο

nsamanpɔ mu

εκκλησία

asore

παιδική χαρά

agodibea

ναός

hyiadan

τοπίο

asaase

φύλλο
ahaban

πινακίδα κατεύθυνσης
akyerɛkyerɛkwan

δρόμος
kwan

λιβάδι
sare asaase

πέτρα
boba

δέντρο
dua

πεζοπόρος
pipo so foronii

ποτάμι
asubɔntene

χορτάρι
nsensan

λουλούδι
nhwiren

κοιλάδα

εbɔn

λόφος

bepɔ

λίμνη

sutadeε

δάσος

kwaeε

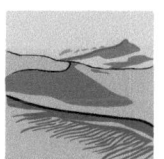

έρημος

εserε so

ηφαίστειο

egya a εfiri bepɔ mu ba

κάστρο

ahenfie

ουράνιο τόξο

nyankontɔn

μανιτάρι

mmire

φοίνικας

abεdua

κουνούπι

ntontom

μύγα

wasena

μυρμήγκι

ntatea

μέλισσα

wowa

αράχνη

ananse

σκαθάρι

kukurubibi

βάτραχος

apɔnkyerɛnee

σκίουρος

opuro

σκαντζόχοιρος

kotoko

λαγός

adanko

κουκουβάγια

patuo

πουλί

anomaa

κύκνος

dabodabo

αγριογούρουνο

kɔkɔte

ελάφι

wansane

άλκη

torɔm

φράγμα

sutadeɛ

ανεμογεννήτρια

mframa tɛɛbain

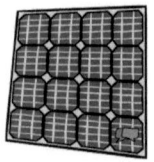

ηλιακός συλλέκτης

adeɛ ɛtwe anyinam ahoden
firi awia mu

κλίμα

ewiem

εστιατόριο
adidibea

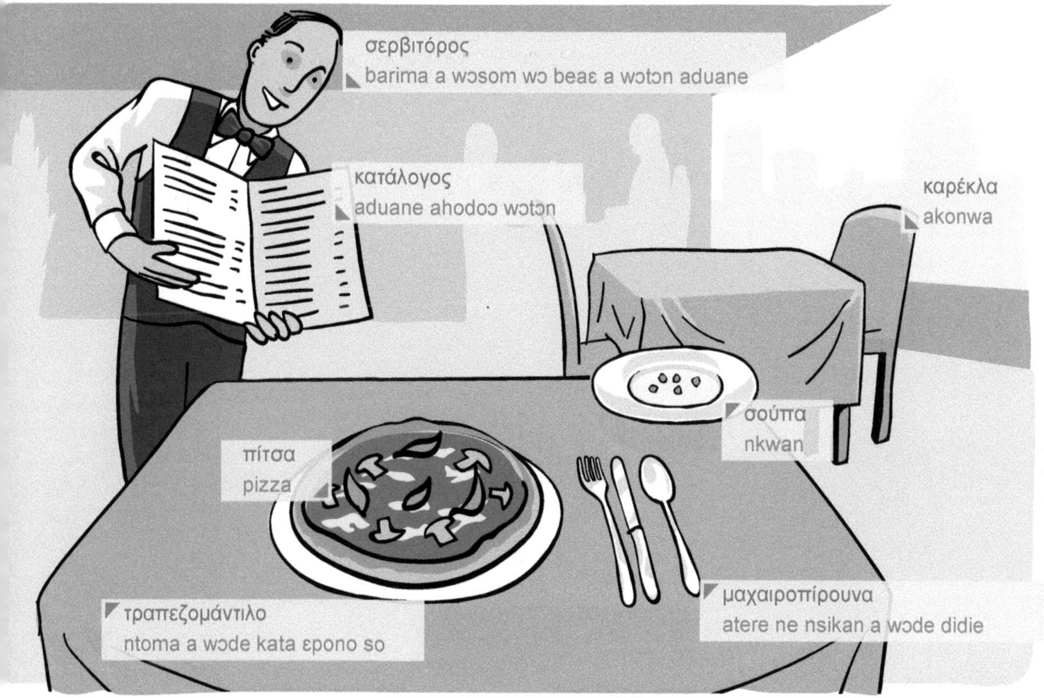

σερβιτόρος
barima a wɔsom wɔ beaɛ a wɔtɔn aduane
κατάλογος
aduane ahodoɔ wɔtɔn
καρέκλα
akonwa
σούπα
nkwan
πίτσα
pizza
τραπεζομάντιλο
ntoma a wɔde kata ɛpono so
μαχαιροπίρουνα
atere ne nsikan a wɔde didie

ορεκτικό

ahyɛaseɛ

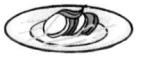

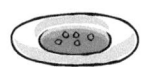

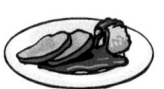

κύριο πιάτο

aduane titriw

επιδόρπιο

nnɔkɔnnɔkwade

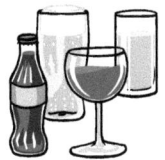

ποτά

nsa

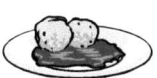

φαγητό

aduane

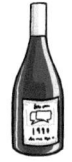

μπουκάλι

toa

φαστ φουντ

aduane wɔyɛ no ɔhare so

φαγητό στ' όρθιο

aduana a ɛyɛ kwan ho

τσαγιέρα

tea kukuo

δοχείο ζάχαρης

asikyire kyɛnsen

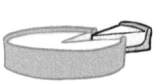

μερίδα

fa

μηχανή εσπρέσο

espresso afidie

ψηλή καρέκλα

akonwa tenten

λογαριασμός

ka krataa

δίσκος

apanpan

μαχαίρι

sikanmoa

πιρούνι

adinam

κουτάλι

atere

κουταλάκι του τσαγιού

tea atere

πετσέτα φαγητού

ntoma a wɔde sɛ pono so

ποτήρι

ahwehwɛ

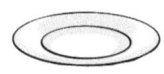

πιάτο
plɛɛte

πιάτο σούπας
nkwan plɛɛte

πιατάκι φλιτζανιού
plɛte ketewa

σάλτσα
frɔyɛ

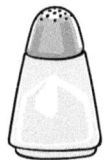

αλατιέρα
nkyene kukuo

μύλος για πιπέρι
adeɛ a wɔde twi mako

ξύδι
vinegar

λάδι
anwa

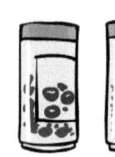

μπαχαρικά
atosodeɛ

κέτσαπ
ketchup

μουστάρδα
sinapi aba

μαγιονέζα
mayonis

σούπερ μάρκετ
dwakɛseɛmu

προσφορά
akwanya soronko
FOR
πελάτης
obi a wɔtɔ wadeɛ
γαλακτοκομικά προϊόντα
milikyi nnuane
φρούτα
nnuaba
tɔ adeɛ pia berɛ a wɔretɔ adeɛ

BUTCHERS

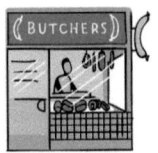

κρεοπωλείο

nnamtwafo

BAKERY

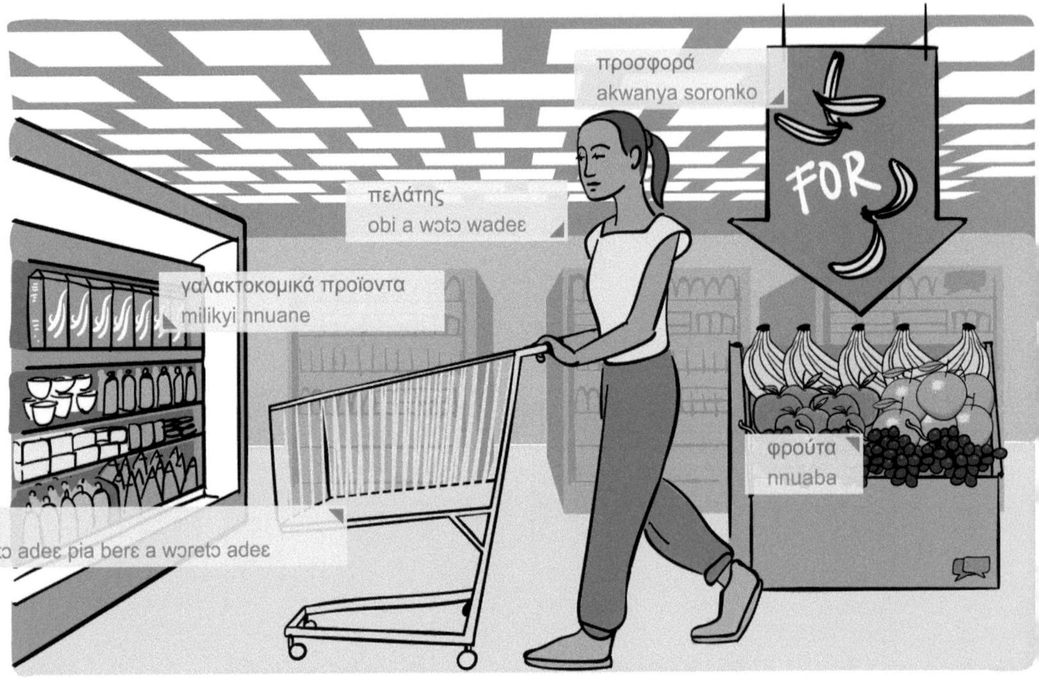

φούρνος

brodotofo

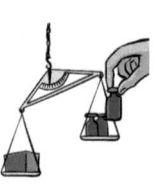

ζυγίζω

susu

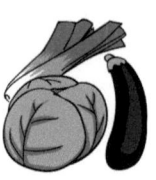

λαχανικά

atosodeɛ

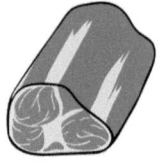

κρέας

nnam

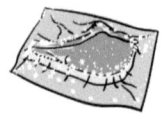

κατεψυγμένα τρόφιμα

aduane a wɔde ahyɛ sukɔtwea adaka mu

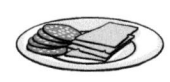

αλλαντικά

nnam a yɛy nwunu

κονσερβοποιημένη τροφή

nnuane a ɛwɔ konku mu

απορρυπαντικό ρούχων

aduro a wɔde si nnɔɔma

γλυκά

adɔkɔkɔdɔkɔdeɛ

οικιακά είδη

efie nnɔɔma

καθαριστικά προϊόντα

nnuro a wɔde hohoro
nnɔɔma ho

πωλήτρια

adetɔni

ταμείο

adeɛ a wɔgye sika de gu mu

ταμίας

obi a wɔhwɛ sika so

λίστα για ψώνια

nnɔɔma a wobetɔ

ωράριο λειτουργίας

mmerɛ a ɔmo de bue

πορτοφόλι

kɔtɔkuo

πιστωτική κάρτα

krɛdit kaade

τσάντα

botɔ

πλαστική σακούλα

rɔba botɔ

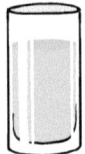

νερό

nsuo

χυμός

aduaba mu nsuo

γάλα

milikyi

κόκα κόλα

coke

κρασί

nsa

μπίρα

beer

αλκοόλ

nsaden

κακάο

kookoo

τσάι

tea

καφές

kɔfe

εσπρέσο

espresso

καπουτσίνο

cappuccino

μπανάνα

kwadu

μήλο

aprε

πορτοκάλι

akutuo

πεπόνι

mɛlɔn

λεμόνι

akutuo

καρότο

karɔt

σκόρδο

galeke

μπαμπού

mpampuro

κρεμμύδι

gyeene

μανιτάρι

mmire

ξηροί καρποί

nkateε

νουντλς

talia

μακαρόνια

talia

ρύζι

εmo

σαλάτα

salad

πατατάκια

kyips

τηγανητές πατάτες

aborodwomaa w'akye

πίτσα

pizza

χάμπουργκερ

hamburger

σάντουιτς

sandwich

κοτολέτα

ntwetwade

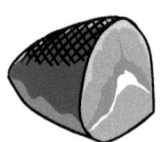

ζαμπόν

prɛko nam

σαλάμι

salami

λουκάνικο

sɔsegye

κοτόπουλο

akokɔnam

ψητό

toto

ψάρι

nsuomunam

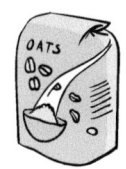

χυλός βρώμης

oats koko

μούσλι

muesli

κορν φλέικς

cornflakes

αλεύρι

esam

κρουασάν

croissant

ψωμάκι

brodo a yabobɔ

ψωμί

brodo

τοστ

ho

μπισκότα

biskit

βούτυρο

bɔta

τυρόπηγμα

koko

κέικ

ɔfam

αυγό

kosua

τηγανητό αυγό

kosua a yakye

τυρί

kyeese

παγωτό

ise krim

ζάχαρη

asikyire

μέλι

εwoɔ

μαρμελάδα

εam

άλλειμμα σοκολάτας

kyɔkolate a wɔde yɛ aduane mu

κάρυ

kɔri

αγρόκτημα
afuo

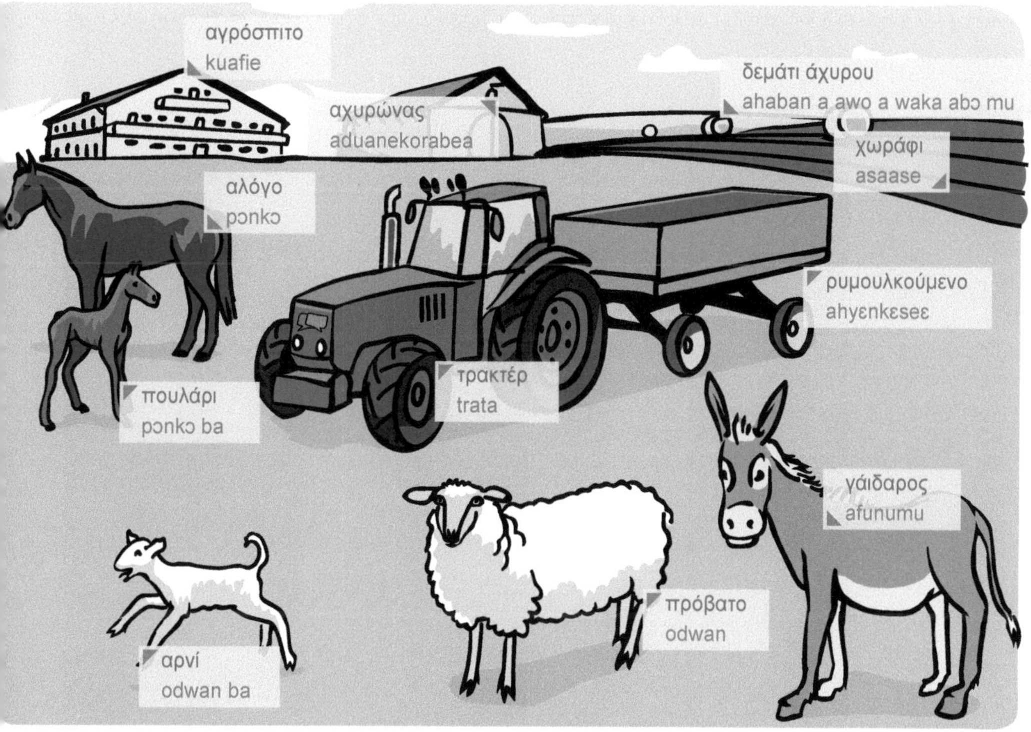
αγρόσπιτο
kuafie
αχυρώνας
aduanekorabea
δεμάτι άχυρου
ahaban a awo a waka abɔ mu
χωράφι
asaase
αλόγο
pɔnkɔ
ρυμουλκούμενο
ahyɛnkɛseɛ
πουλάρι
pɔnkɔ ba
τρακτέρ
trata
γάιδαρος
afunumu
πρόβατο
odwan
αρνί
odwan ba

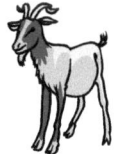

κατσίκα
apɔnkye

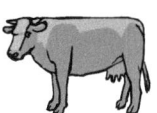

αγελάδα
nantwie

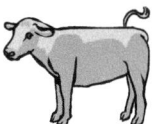

μοσχαράκι
nantwie ba

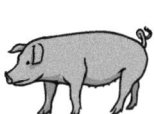

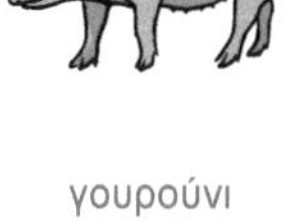
γουρούνι
prɛko

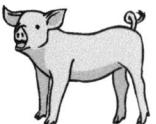

γουρουνάκι
prɛko ba

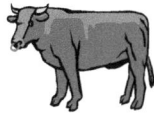

ταύρος
nantwinini

χήνα

dabodabo

πάπια

dabodabo

κοτοπουλάκι

akokɔba

κότα

akokɔbedeε

κόκορας

akokɔnini

αρουραίος

akura

γάτα

agyinamoa

ποντίκι

akura

βόδι

nantwi

σκύλος

ɔkraman

σπιτάκι σκύλου

kramanfie

λάστιχο κήπου

drobεn a wɔde nsuo fa mu gugu nnɔɔma so

ποτιστήρι

toa wɔde nsuo gu mu de gugu nnɔɔma so

θεριστήρι

kantankrankyi

αλέτρι

afidie a wɔde funtum asaase ani

δρεπάνι

sɔsɔwa

τσάπα

asɔ

δίκρανο

fɔɔki kɛseɛ

τσεκούρι

akuma

χειράμαξα

hweebaro

ταΐστρα

adea mmoa didi mu

δοχείο γάλακτος

milikyi konku

σάκος

kotoku

φράχτης

ɛban

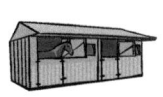

στάβλος

mmoa dan

θερμοκήπιο

nnuaba dan mu

έδαφος

anwea

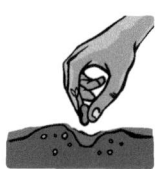

σπόρος

aba

λίπασμα

nnuro a wɔde gu mfudeɛ ho

θεριζοαλωνιστική μηχανή

nnuanetwa kaa kɛse

θερίζω

twa

συγκομιδή

mfudeε

γιαμς

bayerε

σιτάρι

ayuo

σόγια

soya

πατάτα

aborɔdwomaa

καλαμπόκι

aburo

κράμβη

rapedua aba

οπωροφόρο δέντρο

aduaba dua

μανιόκα

bankye

δημητριακά

aburo aduane

αγρόκτημα - afuo

σπίτι
efie

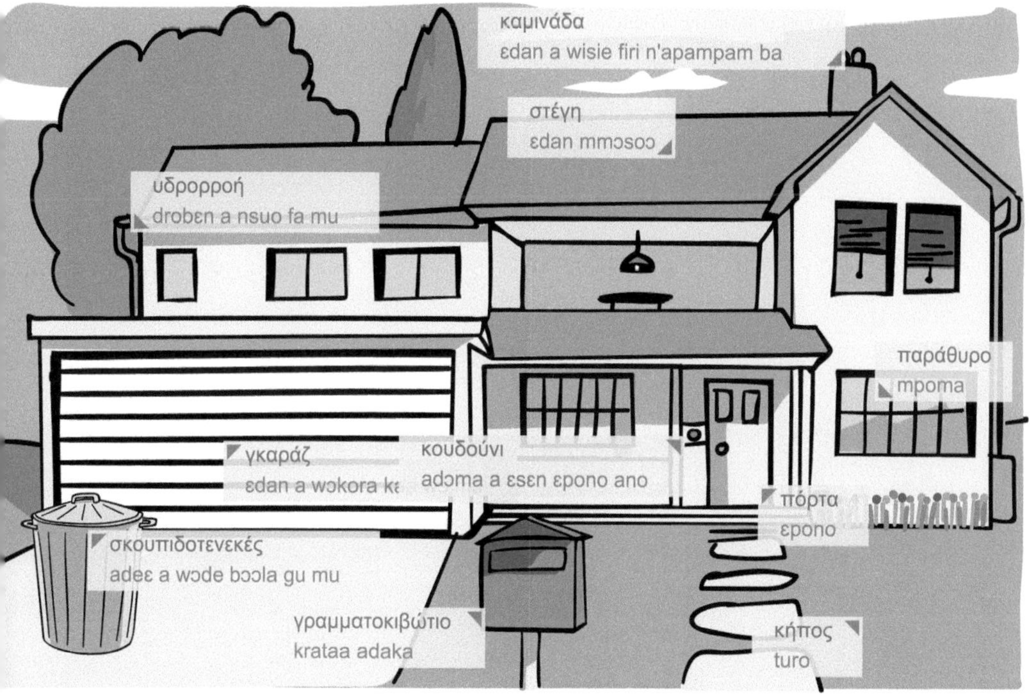

καμινάδα
εdan a wisie firi n'apampam ba
στέγη
εdan mmɔsoɔ
υδρορροή
drobεn a nsuo fa mu
παράθυρο
mpoma
γκαράζ
εdan a wɔkora kε
κουδούνι
adɔma a εsεn εpono ano
πόρτα
εpono
σκουπιδοτενεκές
adeε a wɔde bɔɔla gu mu
γραμματοκιβώτιο
krataa adaka
κήπος
turo

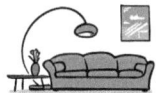

σαλόνι

εdan a wɔtena mu

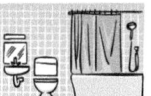

μπάνιο

adwareε

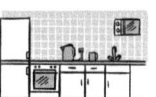

κουζίνα

gyaade

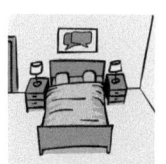

υπνοδωμάτιο

piam

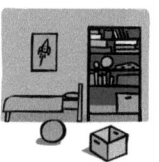

παιδικό δωμάτιο

abɔfra dan mu

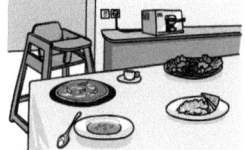

τραπεζαρία

εdan a wɔdidi wɔ mu

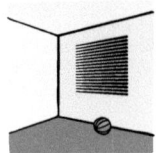

πάτωμα
fam

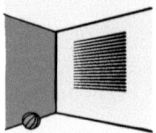

τοίχος
εban

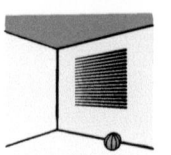

οροφή
siilin

κελάρι
εdan a εhyε fam

σάουνα
beaε a wɔkɔto hyew

μπαλκόνι
pɔɔkye

βεράντα
asaase a wafuntum na
wɔde dua nnɔbaeε

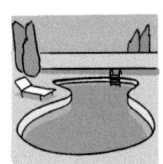

πισίνα
nsuo a wɔdware mu

μηχανή του γκαζόν
afidie a wɔde dɔ

σεντόνι
krataa

κάλυμμα κρεβατιού
nnasɔɔ

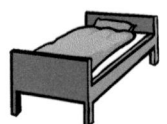

κρεβάτι
mpa

σκούπα
praeε

κουβάς
bɔkiti

διακόπτης
deε wɔde sɔ kanea

σαλόνι

ɛdan a wɔtena mu

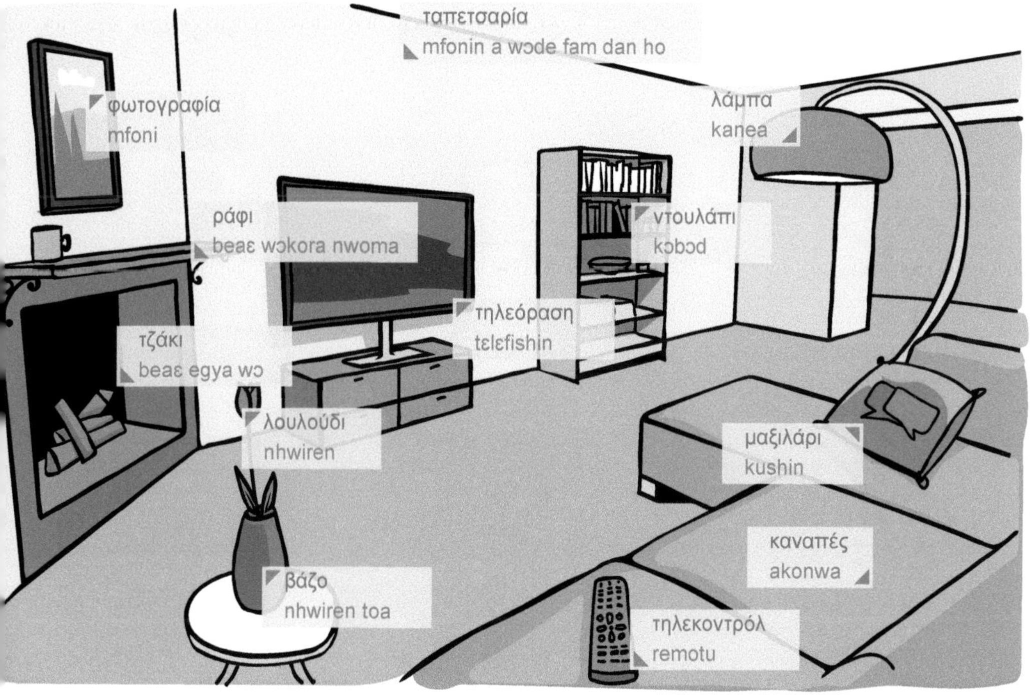

ταπετσαρία
mfonin a wɔde fam dan ho
φωτογραφία
mfoni
λάμπα
kanea
ράφι
beaɛ wɔkora nwoma
ντουλάπι
kɔbɔd
τηλεόραση
tɛlɛfishin
τζάκι
beaɛ egya wɔ
λουλούδι
nhwiren
μαξιλάρι
kushin
καναπές
akonwa
βάζο
nhwiren toa
τηλεκοντρόλ
remotu

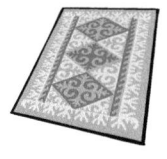

χαλί

kapɛt

κουρτίνα

kɛtin

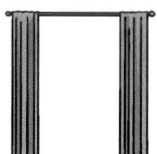

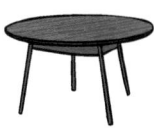

τραπέζι

pono

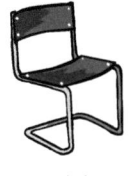

καρέκλα

akonwa

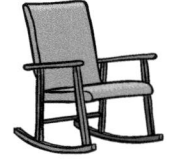

κουνιστή πολυθρόνα

akonwa aa ɛkɔ anim ne akyi

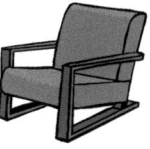

πολυθρόνα

nsaakonwa

βιβλίο

nwoma

κουβέρτα

kuntu

διακόσμηση

beaɛ asiesie

καυσόξυλα

egya

ταινία

mfoni

στερεοφωνικό σύστημα

hi-fi afidie

κλειδί

safoa

εφημερίδα

dawurubɔ krataa

πίνακας ζωγραφικής

akaado

αφίσα

mfoni

ραδιόφωνο

akasanoma

σημειωματάριο

nwoma a wɔtwerɛ nsɛmpɔ
gu mu

ηλεκτρική σκούπα

afidie a wɔde pra mfuturo

κάκτος

cactus

κερί

kandele

κουζίνα
gyaade

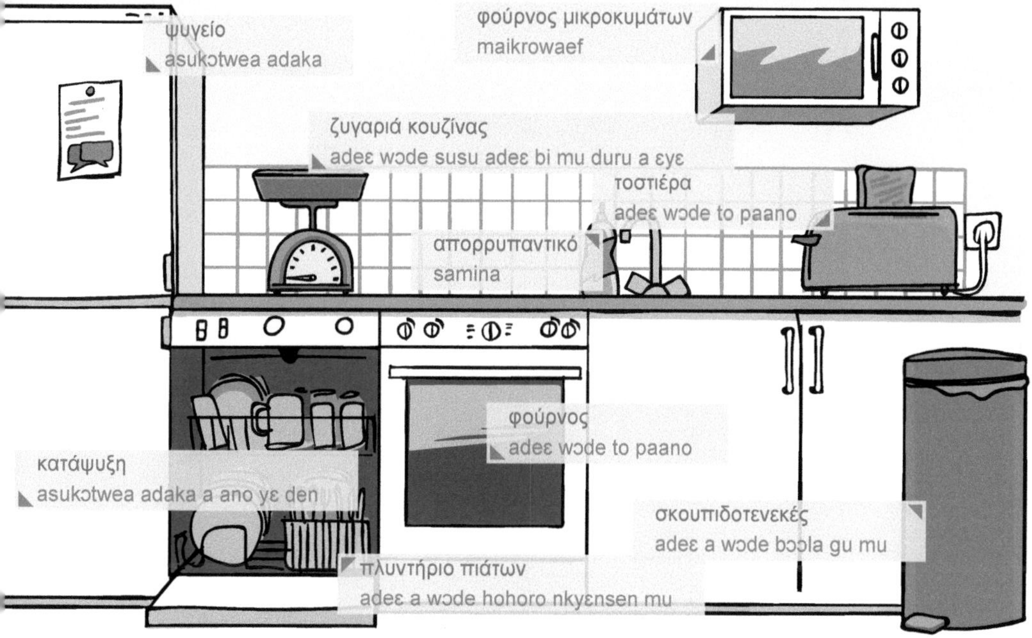

ψυγείο
asukɔtwea adaka
φούρνος μικροκυμάτων
maikrowaef
ζυγαριά κουζίνας
adeɛ wɔde susu adeɛ bi mu duru a ɛyɛ
τοστιέρα
adeɛ wɔde to paano
απορρυπαντικό
samina
φούρνος
adeɛ wɔde to paano
κατάψυξη
asukɔtwea adaka a ano yɛ den
σκουπιδοτενεκές
adeɛ a wɔde bɔɔla gu mu
πλυντήριο πιάτων
adeɛ a wɔde hohoro nkyɛnsen mu

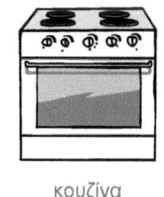

κουζίνα

adeɛ a wɔde noa aduane

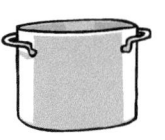

κατσαρόλα

kukuo

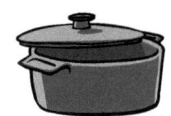

μαντεμένια κατσαρόλα

dadesɛn

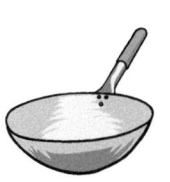

γουόκ/καντάι

wok / kadai

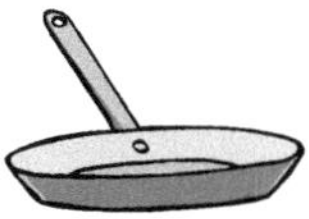

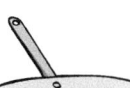

τηγάνι

pan

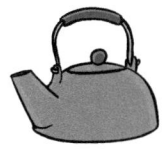

βραστήρας

adeɛ wɔde noa nsuo

ατμομάγειρας

nea yɛde ka aduane hye

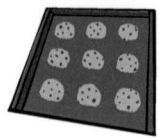

ταψί

adeɛ wɔtɔ so paano

πιατικά

nkyɛnsen a wɔdidi mu

κούπα

kuruwa

μπολ

kyɛnsen

ξυλάκια

nnua a wɔde didie

κουτάλα

kwantere

σπάτουλα

atere

ανακατεύω

adeɛ wɔde nu adeɛ mu

σουρωτήρι

sɔneɛ

σουρωτηράκι

sɔneɛ

τρίφτης

adeɛ a wɔde twi adeɛ

γουδί

waduro

ψησταριά

adeɛ a wɔde toto nam

ανοιχτή φωτιά

egya a biribiara mmɔ ho ban

σανίδα κοπής

adeɛ a wɔtwitwa so nnɔɔma

πλάστης

adea wɔde twi nnɔɔma

ανοιχτήρι φελλών

adeɛ a wɔde tu toa ano

κονσέρβα

konku

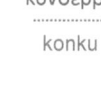

ανοιχτήρι κονσέρβας

adeɛ wɔde bie konku so

γάντι φούρνου

nea yɛde sɔ kukuo mu

νεροχύτης

adeɛ a wɔhohoro nkyɛnse wɔ mu

βούρτσα

adeɛ a wɔde twitwi

σφουγγάρι

sapɔ

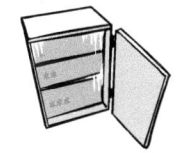

μπλέντερ

afidie wɔde yam nnuane

καταψύκτης

asukɔtwea adaka a ano yɛ den

μπιμπερό

abɔfra toa

βρύση

nsuo

μπάνιο
adwareɛ

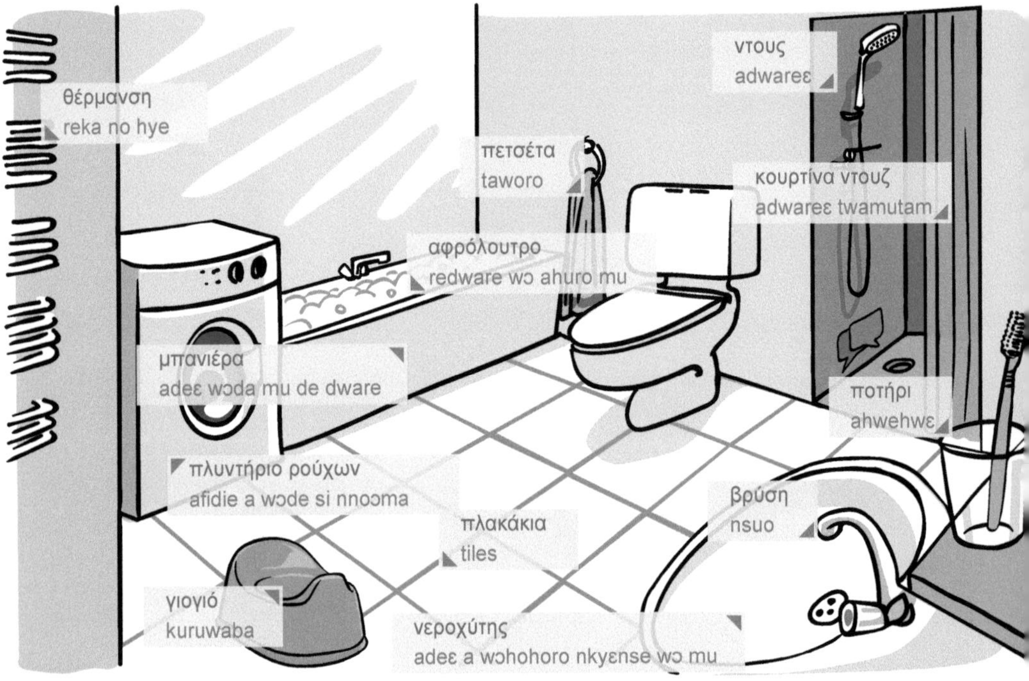

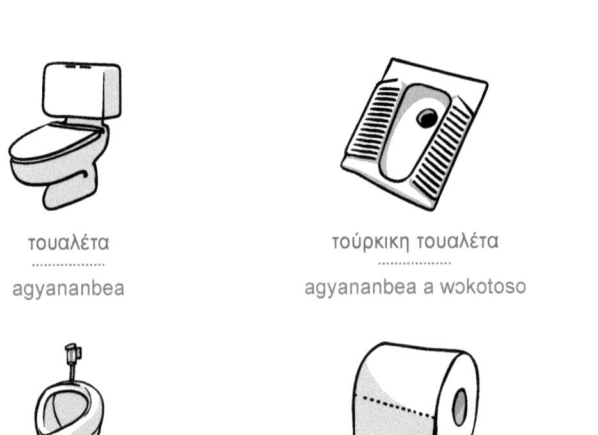

θέρμανση
reka no hye
πετσέτα
taworo
ντους
adwareɛ
κουρτίνα ντουζ
adwareɛ twamutam
αφρόλουτρο
redware wɔ ahuro mu
μπανιέρα
adeɛ wɔda mu de dware
ποτήρι
ahwehwɛ
πλυντήριο ρούχων
afidie a wɔde si nnoɔma
βρύση
nsuo
πλακάκια
tiles
γιογιό
kuruwaba
νεροχύτης
adeɛ a wɔhohoro nkyɛnse wɔ mu

τουαλέτα

agyananbea

τούρκικη τουαλέτα

agyananbea a wɔkotoso

μπιντές

bidet

ουρητήριο

dwonsɔbea

χαρτί υγείας

tiafi krataa

πιγκάλ

adeɛ a wɔde twitwi agyanbea

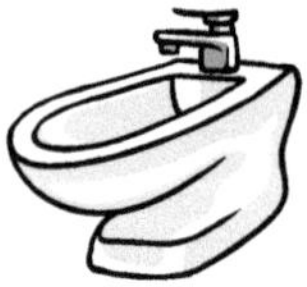

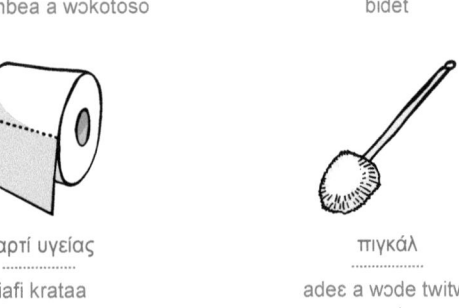

οδοντόβουρτσα

adeɛ wɔde twitwiri ɛse

οδοντόκρεμα

aduro wɔde twitwiri ɛse

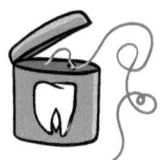

οδοντικό νήμα

adeɛ wɔde yiyi ɛse ntam

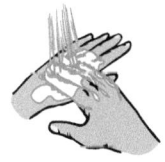

πλένω

si

τηλέφωνο ντους

adeɛ wɔsɔ mu de dware

ντουσιέρα

adeɛ nsuo fa mu na wɔde
hohoro mmaa ase

λεκάνη

adeɛ wɔsi nnooma wɔ mu

βούρτσα πλάτης

adeɛ wɔde twitwi yakyi

σαπούνι

samina

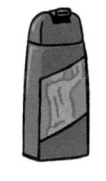

αφρόλουτρο

adwareɛ samina

σαμπουάν

deɛ wɔde hohoro tirinwii mu

φανέλα

ntoma wɔde asaawa na ayɛ

σιφόνι

nsuokwan

κρέμα

nkuu

αποσμητικό

aduro a wɔde fa mmɔtoamu

καθρέφτης

ahwehwɛ

καθρέφτης χειρός

ahwehwɛ kumaa

ξυραφάκι

yiwan

αφρός ξυρίσματος

aduro a wɔde yi

αφτερσέιβ

aduro a wɔde sera beaɛ
wayi

χτένα

afe

βούρτσα

brɔsh

σεσουάρ

afidie a wɔde ka nwii ma no
wo

λακ

adeɛ wɔde aduro gu mu de
gu nwii so

μακιγιάζ

adeɛ wɔde yɛn wɔn anim

κραγιόν

adeɛ wɔde keka ano

βερνίκι νυχιών

aduro a wɔde ka mmɔwerɛ
so

βαμβάκι

asaawa

ψαλίδι νυχιών

apasoɔ a wɔde twitwa
mmɔwerɛ

άρωμα

aduham

νεσεσέρ

baage a wɔde nnɔɔma gu
mu wɔ adwareɛ

σκαμπό

akonwa

ζυγαριά

afidie a wɔde susu adeɛ bi
mu duro

μπουρνούζι

ataadeɛ wɔhyɛ berɛ a
wɔrekɔdware

ελαστικά γάντια

adeɛ wɔde hyɛ wɔn nsa a
wɔde rɔba na ayɛ

ταμπόν

adeɛ wɔde twe nsuo firi
pirakuro mu

πετσέτα υγιεινής

ᵭeɛ mmaa de siesie wɔn ho
berɛ wɔn abu wɔn nsa

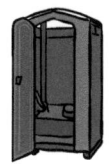

χημική τουαλέτα

agyananbea a wɔde nnuro
kora

παιδικό δωμάτιο
abɔfra dan mu

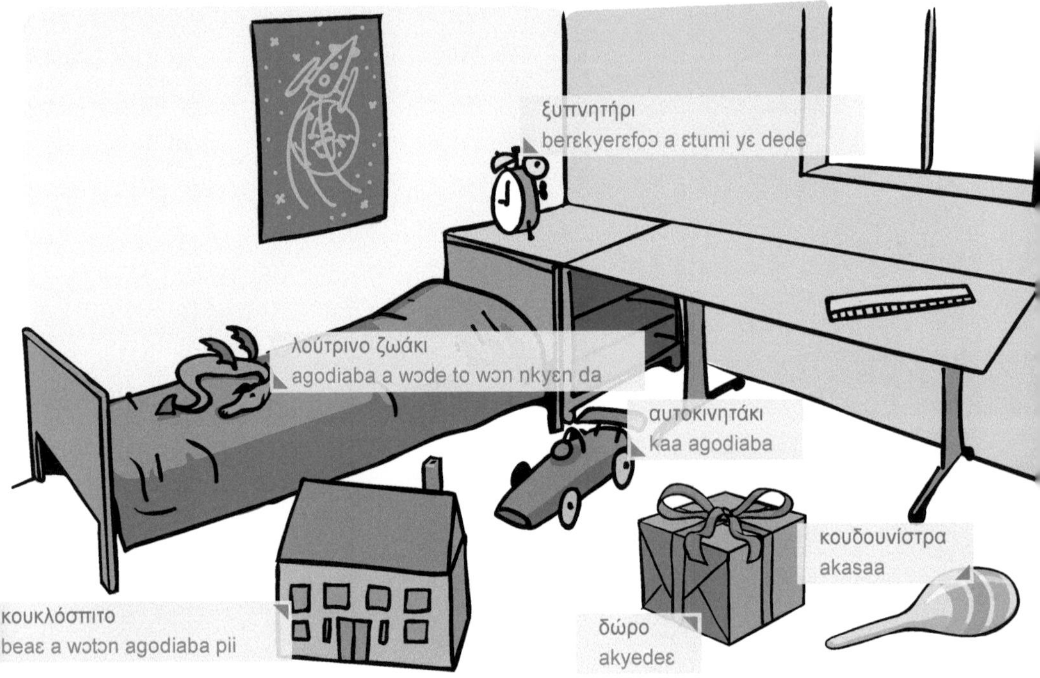
ξυπνητήρι
berɛkyerɛfoɔ a ɛtumi yɛ dede
λούτρινο ζωάκι
agodiaba a wɔde to wɔn nkyɛn da
αυτοκινητάκι
kaa agodiaba
κουδουνίστρα
akasaa
κουκλόσπιτο
beaɛ a wɔtɔn agodiaba pii
δώρο
akyedeɛ

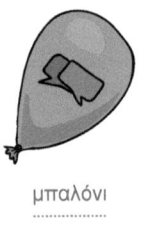

μπαλόνι

baluu

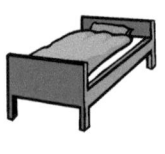

κρεβάτι

mpa

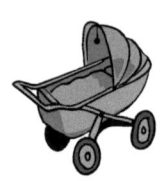

καροτσάκι

adeɛ a wɔde mmɔfra to mu pia wɔn

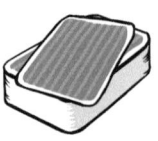

τράπουλα

nkrataa a ɛhyɛ adaka mu

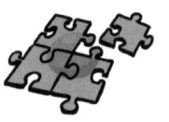

παζλ

mfonin asiniasini a wɔkeka si ani hyehyɛ

SUPER MEGA

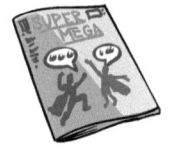

κόμικς

mmɔfra aseresɛm nwoma

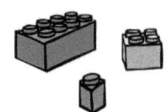

τουβλάκια lego

lego bricks

τουβλάκια κατασκευών

blɔks a wɔde si dan

φιγούρα δράσης

mmɔfra agodiaba

βρεφικό φορμάκι

mmɔfra ataade a wɔayɛ abɔ mu

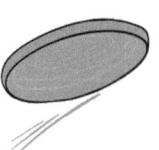

φρίσμπι

frisbee

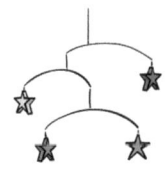

μόμπιλο

agodiaba a wɔde sensɛne mmɔfra mpa so

επιτραπέζιο παιχνίδι

agorɔ a ɛwɔ pono so

ζάρια

ludu aba

σετ τρενάκι

ketekye ketewa

πιπίλα

adeɛ a wɔde hyɛ mmɔfra anumu

πάρτι

apontoɔ

εικονογραφημένο βιβλίο

krataa mfonin wɔ mu

μπάλα

bɔɔlo

κούκλα

agodiaba

παίζω

di agorɔ

σκάμμα με άμμο

adeɛ wɔde anwea agu mu a
mmɔfra di mu agorɔ

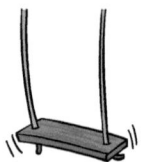

κούνια

adonko

παιχνίδια

agodiaba

κονσόλα βιντεοπαιχνιδιών

afidie abɛɛfo agodie wɔ so a
wɔbɔ

τρίκυκλο

dadepɔnkɔ a ne nan yɛ
mmiensa

αρκουδάκι

sisire agodiaba

ντουλάπα

wɔdrop

ρούχα

ataadeɛ

κάλτσες

adeɛ a wɔhyɛ ansa na
wahyɛ mpaboa

καλτσοδέτες

ataade tenten a wɔhyɛ wɔ
wɔn nan ho

καλσόν

ataadeɛ a ɛkyekyere deɛ
wahyɛ no

κασκόλ
duku

ομπρέλα
kyiniε

ζώνη
abɔɔmu

μπλουζάκι
atadeε

αθλητικά παπούτσια
mpaboa

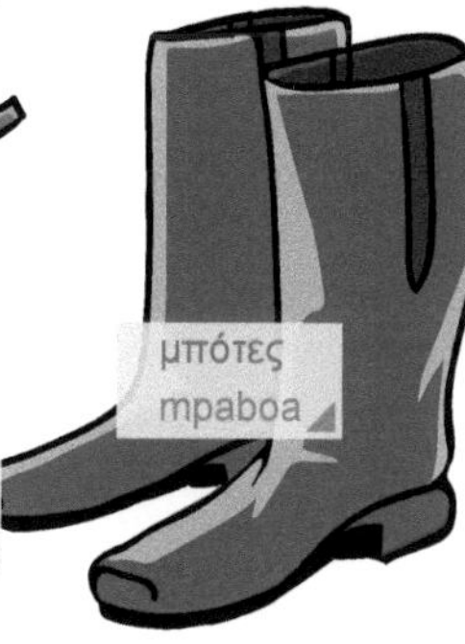

μπότες
mpaboa

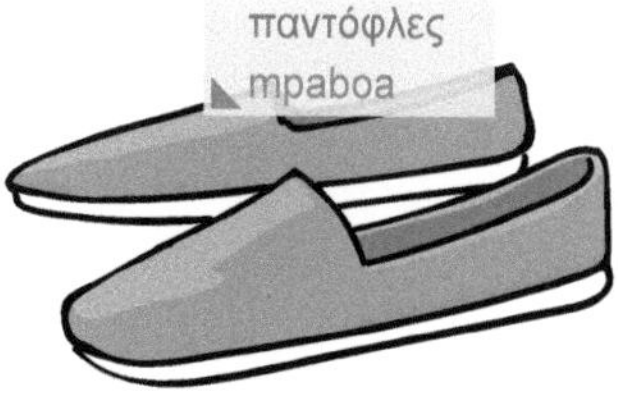

παντόφλες
mpaboa

σανδάλια
mpaboa

παπούτσια
mpaboa

γαλότσες
rɔba mpaboa

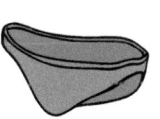

εσώρουχο
drɔs

σουτιέν
adeε mmaa hyε de kora
wɔn nufu

φανέλα
fεst

σώμα

nipadua

παντελόνι

trɔsa

τζιν παντελόνι

gyins

φούστα

skɛɛte

μπλούζα

mmaa ataade soro

πουκάμισο

ataadesoro

πουλόβερ

swata

πουλόβερ

ataadeɛ a ɛkyɛ wɔ mu

σακάκι

kootu

μπουφάν

ataade ngusoɔ

παλτό

kootu

αδιάβροχο πανωφόρι

ataadeɛ wɔhyɛ berɛ nsuo retɔ

κοστούμι

ataadehyɛ

φόρεμα

ataadeɛ

νυφικό

ayifrɔ atadeɛ

κοστούμι

ataade nkatasɔɔ

νυχτικό

ataadeɛ a yɛhyɛ de da

πιτζάμες

pigyamas

σάρι

sari

μαντήλι

duku

τουρμπάνι

duku

μπούρκα

ataadeɛ Nkramofoɔ mmaa
hyɛ na ɛkata wɔn tiri so de
kɔsi wɔn nan ase

καφτάνι

kaftan

μουσουλμανικό ένδυμα

abaya

ολόσωμο μαγιό

ataadeɛ a wɔhyɛ de dware
nsuo mu

ανδρικό μαγιό

nika

σορτς

nika

αθλητική φόρμα

traksuit

ποδιά

ntoma a wɔde kata wɔn
konmu berɛ wɔreyɛ aduane

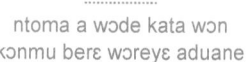

γάντια

adeɛ wɔde hyɛ wɔn nsa

κουμπί

batin

γυαλιά

ahwehwɛniwa

βραχιόλι

adeɛ wɔde to wɔn nsa

περιδέραιο

kɔnmuade

δαχτυλίδι

kawa

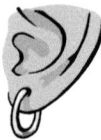

σκουλαρίκι

asomadeɛ

καπέλο

ɛkyɛ

κρεμάστρα

adeɛ a wɔde kootu hyɛ so

καπέλο

ɛkyɛ

γραβάτα

abɔɔmenemu

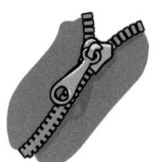

φερμουάρ

zip

κράνος

ɛkyɛ a wɔhyɛ de twi
motosakre

τιράντες

bresis

μαθητική στολή

sukuu ataadeɛ

στολή

ataadeɛ

σαλιάρα	πιπίλα	πάνα 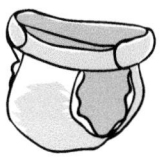
adeε a wɔde gu abɔfra kɔn mu berε a wɔredidi	adeε a wɔde hyε mmɔfra anumu	moase tam

σέρβερ
sεva

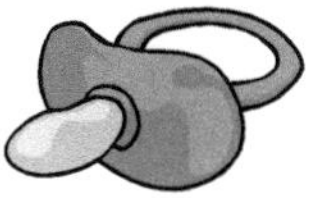

αρχειοθήκη
adaka a yεde nkrataa hyεhyε mu

εκτυπωτής
printa

οθόνη
mɔnita

χαρτί
krataa

γραφείο
pono

ποντίκι
mouse

ντοσιέ
nwoma a wɔde nkrataa hyεhyε mu

πληκτρολόγιο
keebɔdo

...na ayε a wɔde nwura gu mu

υπολογιστής
kɔmputa

καρέκλα
akonwa

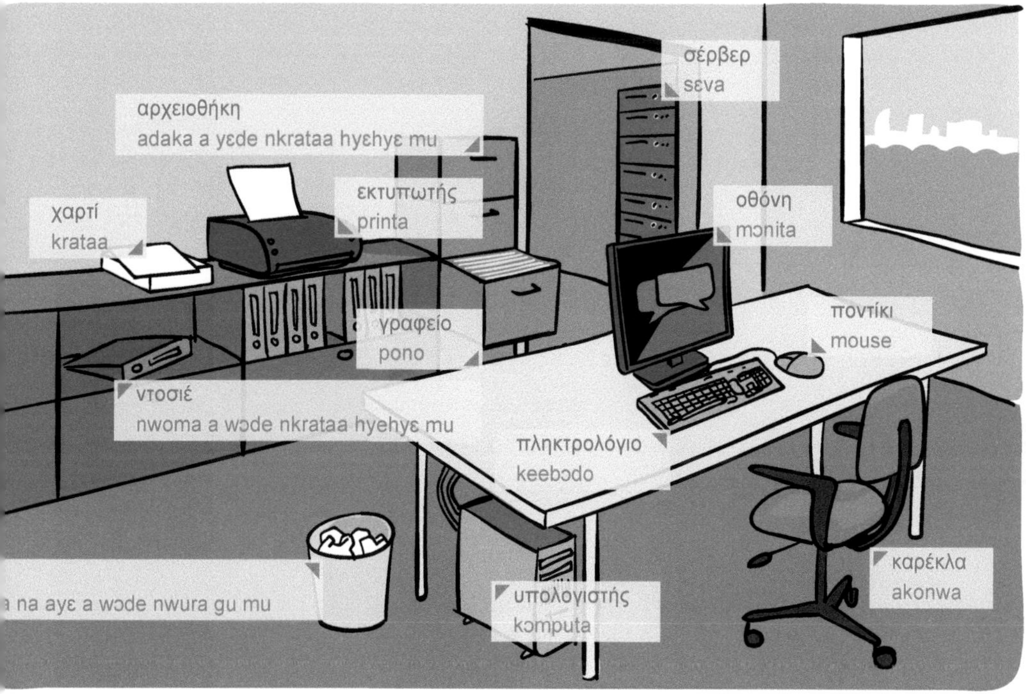

κούπα του καφέ

kɔfe kuruwa

κομπιουτεράκι

afidie a wɔde bu nkonta

ίντερνετ

intanεt

λάπτοπ

laptɔp

γράμμα

krataa

μήνυμα

nkratɔɔ

κινητό

mobile

δίκτυο

nɛtwɛk

φωτοτυπικό μηχάνημα

fotokɔpia

λογισμικό

sɔftwɛɛ

τηλέφωνο

tetefon

πρίζα

plɔg sɔkɛti

συσκευή φαξ

fax afidie

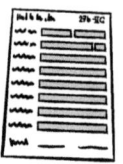

έντυπο

krataa

έγγραφο

krataa

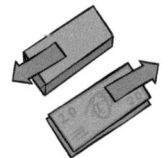

αγοράζω

tɔ

πληρώνω

tua

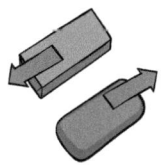

συναλλάσσομαι

tɔn

χρήματα

sika

δολάριο

dollar

ευρώ

euro

γιεν

yen

ρούβλι

rouble

ελβετικό φράγκο

Swiss franc

ρενμίνμπι γιουάν

renminbi yuan

ρουπία

rupee

ATM (αυτόματη ταμειακή μηχανή)

sikabea

ανταλλακτήρια
συναλλάγματος
baabi aa yɛsesa

χρυσός
sikakɔkɔɔ

ασήμι
dwetɛ

πετρέλαιο
ngo

ενέργεια
ahoɔden

τιμή
ne bɔɔ

συμβόλαιο
nteaseɛ a ɛwɔ krataa so

φόρος
ɛtoɔ

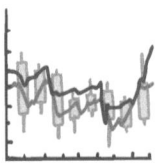

μετοχή
stock

δουλεύω
yɛ adwuma

υπάλληλος
odwumayɛni

εργοδότης
obi a wafa obi adwumamu

εργοστάσιο
afidihyehyɛbea

κατάστημα
beaɛ a wɔtɔn adeɛ

52   οικονομία - sikasem

επαγγέλματα
nnwuma ahodoɔ

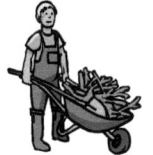

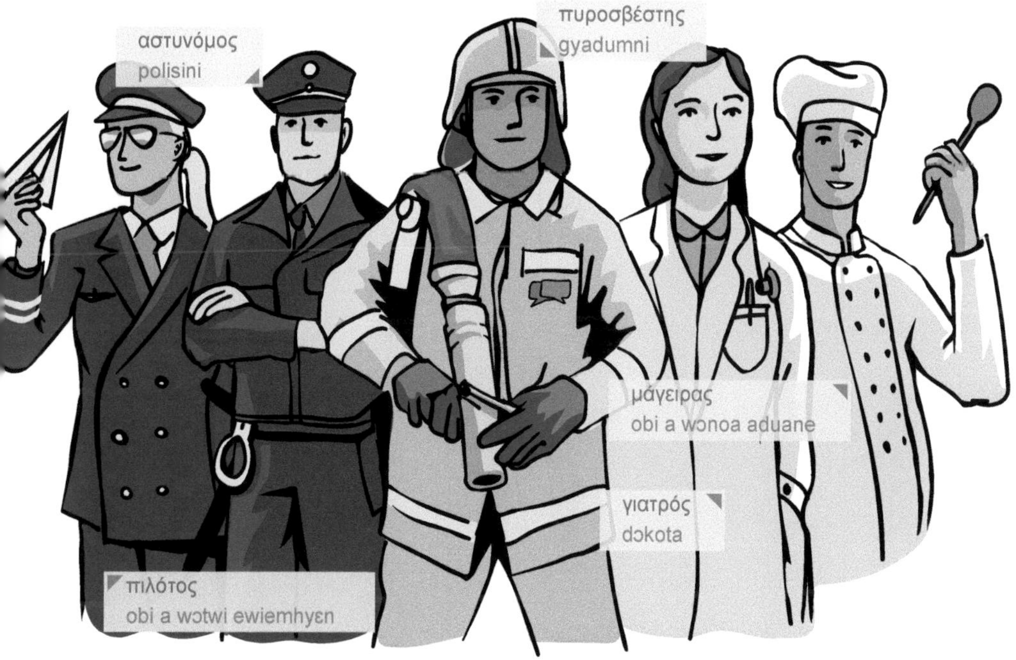
αστυνόμος
polisini
πυροσβέστης
gyadumni
μάγειρας
obi a wɔnoa aduane
γιατρός
dɔkota
πιλότος
obi a wɔtwi ewiemhyɛn

κηπουρός

kuanı

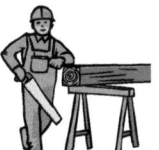

ξυλουργός

nnuaseni

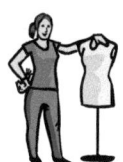

μοδίστρα

ɔbaa a wɔpam adeɛ

δικαστής

otɛnmuani

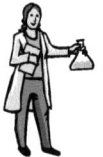

χημικός

dufrani

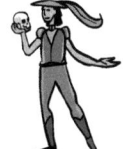

ηθοποιός

siniyifoɔ

οδηγός λεωφορείου

hyɛnkani

ταξιτζής

taxi drɔba

ψαράς

ɔfarifo

καθαρίστρια

ɔbaa wɔropa beaɛ

τεχνίτης στεγών

obi a wɔbɔ dan so

σερβιτόρος

barima a wɔsom wɔ beaɛ a
wɔtɔn aduane

κυνηγός

ɔbɔmofo

ζωγράφος

obi wɔde akaado keka ɛden
ne nnɔɔma aka ho

αρτοποιός

brodotofo

ηλεκτρολόγος

obi a wɔyɛ nkanɛɛ ho
adwuma

οικοδόμος

dansifo

μηχανολόγος

obi a wɔyɛ mfidie akɛseɛ ho
adwuma

κρεοπώλης

namtɔnfo

υδραυλικός

obi a wɔhyehyɛ droben a
nsuo fa mu

ταχυδρόμος

obi a wɔde nkrataa a
amanfoɔ atwerɛ soma no

στρατιώτης

ɔsrani

αρχιτέκτονας

obi a wɔyɛ adansie ho adwuma

ταμίας

obi a wɔhwɛ sika so

ανθοπώλης

obi a wɔtɔn nhwiren

κομμωτής

obi a wɔyɛ tire

ελεγκτής εισιτηρίων

deɛ wɔgyegye sika wɔ ɛhyɛn mu

μηχανικός

obi a wɔsiesie ɛhyɛn

καπετάνιος

panin

οδοντίατρος

dɔkota a wɔhwɛ se

επιστήμονας

abodeɛmu nyasapɛni

ραβίνος

ɔkyerɛkyerɛni

ιμάμης

imam

μοναχός

monk

ιερέας

sofo

εργαλεία
akadeε

πένσα
playa
σφυρί
hama
κατσαβίδι
adeε wɔde tutu mfidie
Γαλλικό κλειδί
spana
φακός
kanea

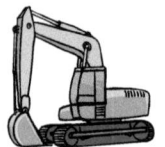

εκσκαφέας

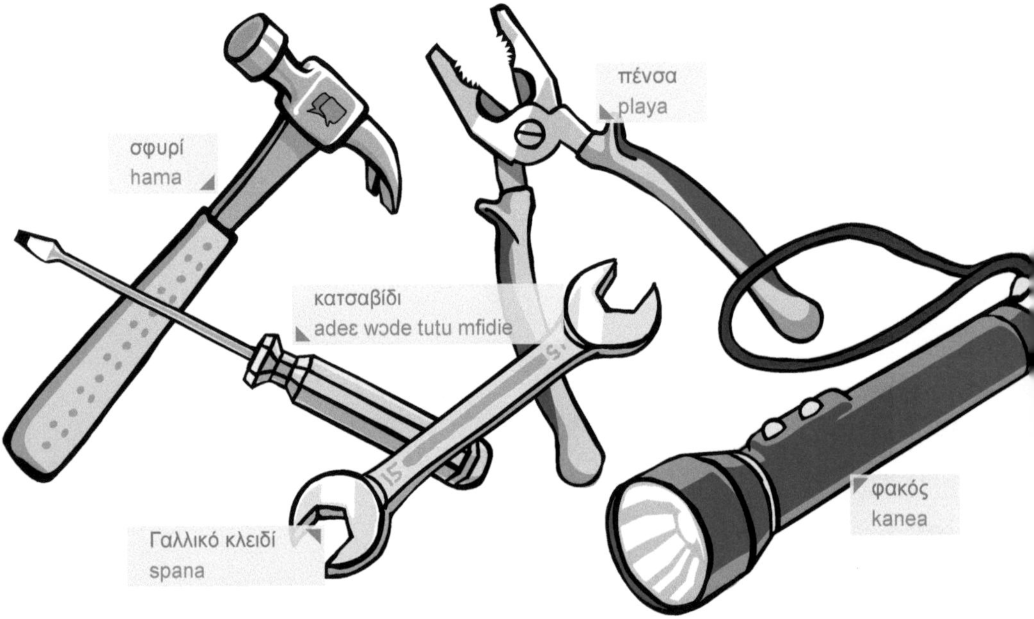

afidie a wɔde tu fam

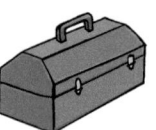

εργαλειοθήκη

adaka a wɔde nnoɔma a wɔde yε adwuma gu mu

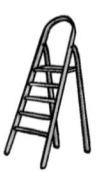

σκάλα

atwedeε

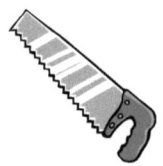

πριόνι

sradaa

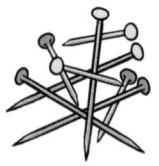

καρφιά

nnadowa

τρυπάνι

afidie a wɔde mmia nnoɔma mu

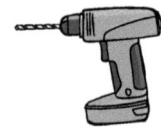

επισκευάζω

siesie

φτυάρι

sɔfi

Να πάρει!

Yieee!

φαράσι

asesa nwura

δοχείο χρωμάτων

akaado kora

βίδες

dadeɛ wɔde bobɔ nnɔɔma mu

μουσικά όργανα
mfidie a wɔde bɔ nnwom

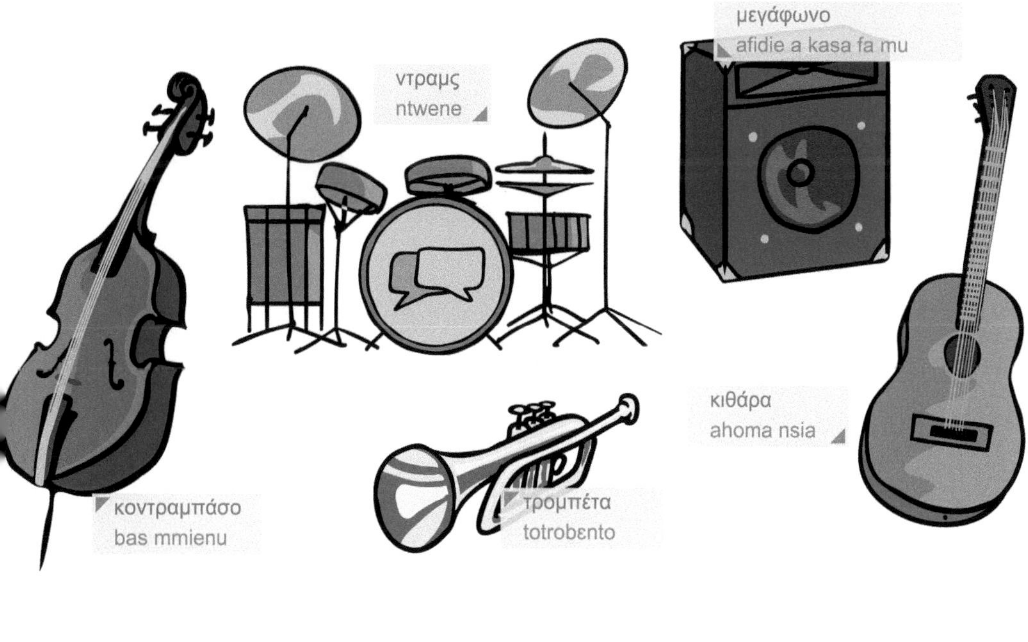

μεγάφωνο
afidie a kasa fa mu

ντραμς
ntwene

κοντραμπάσο
bas mmienu

τρομπέτα
totrobento

κιθάρα
ahoma nsía

πιάνο

sankuo

βιολί

sankuo

μπάσο

ahoma nsia

τύμπανα

timpani

τύμπανο

ntwene

πλήκτρα

sankuo

σαξόφωνο

sasofon

φλάουτο

trobɛnto

μικρόφωνο

akasanoma

ζωολογικός κήπος

mmoakurabea

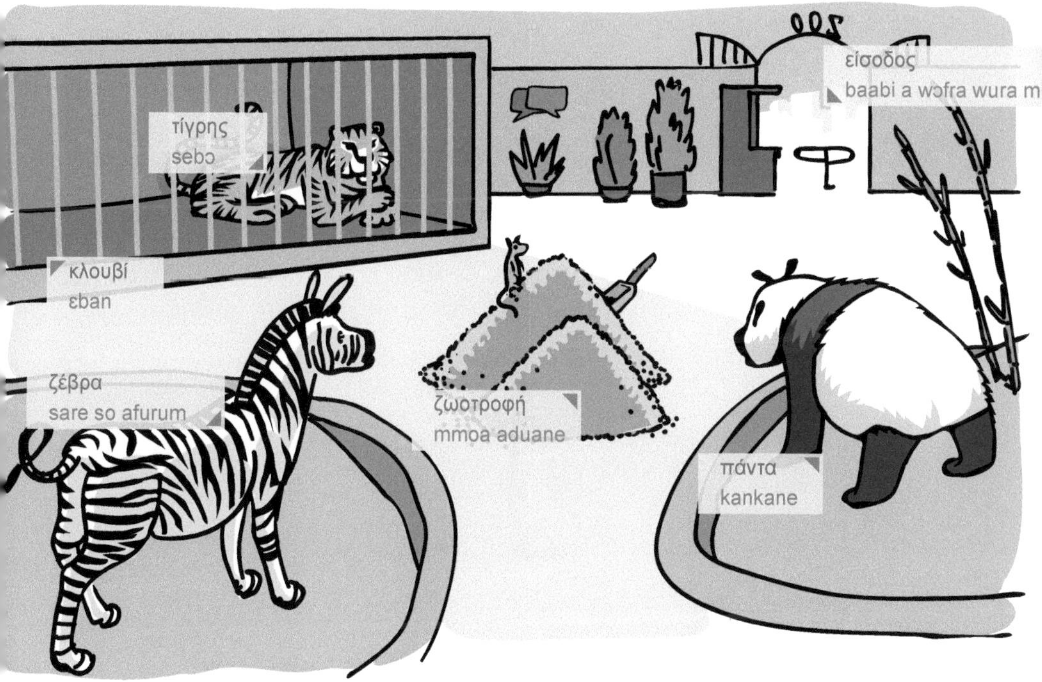

zoo
είσοδος
baabi a wɔfra wura m
τίγρης
sebɔ
κλουβί
ɛban
ζέβρα
sare so afurum
ζωοτροφή
mmoa aduane
πάντα
kankane

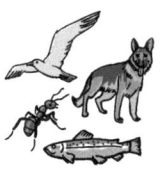

ζώα

mmoa

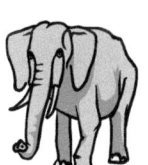

ελέφαντας

ɔsono

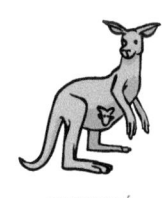

καγκουρό

kangaroo

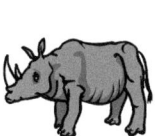

ρινόκερος

bɛnkorɔ

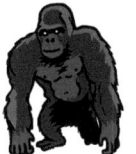

γορίλας

akaatia

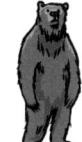

αρκούδα

sisire

καμήλα

yoma

στρουθοκάμηλος

sohori

λιοντάρι

gyata

πίθηκος

kontromfi

φλαμίνγκο

asukɔnkɔn

παπαγάλος

ako

πολική αρκούδα

sisire

πιγκουίνος

penguin

καρχαρίας

oboodede

παγώνι

kohaa

φίδι

ɔwɔ

κροκόδειλος

dɛnkyɛm

φύλακας ζωολογικού κήπου

mmoasohwɛfo

φώκια

sukraman

τζάγκουαρ

sebɔ

πόνυ
ponkɔ ketewa

λεοπάρδαλη
etwie

ιπποπόταμος
susono

καμηλοπάρδαλη
kɔntenten

αετός
ɔkɔdeɛ

αγριογούρουνο
kɔkɔte

ψάρι
nsuomunam

χελώνα
sudanda

θαλάσσιος ίππος
sukraman

αλεπού
sakraman

γαζέλα
adowa

Αμερικάνικο ποδόσφαιρο
Amerika bɔɔlo

ποδηλασία
dadepɔnkɔ twie akansie

αντισφαίριση
tɛnɛs

μπάσκετ
basketbɔɔlo

κολύμβηση
nsuo dwareɛ

πυγχαμία
akutrukubɔ

χόκεϋ επί πάγου
hɔki a wɔbɔ no wɔ asukɔ

ποδόσφαιρο
bɔɔlo

μπάντμιντον
badminton

στίβος
mmirikatuo

χάντμπολ
nsa bɔɔlo

σκι
asukɔtwea so agorɔ

πόλο
polo

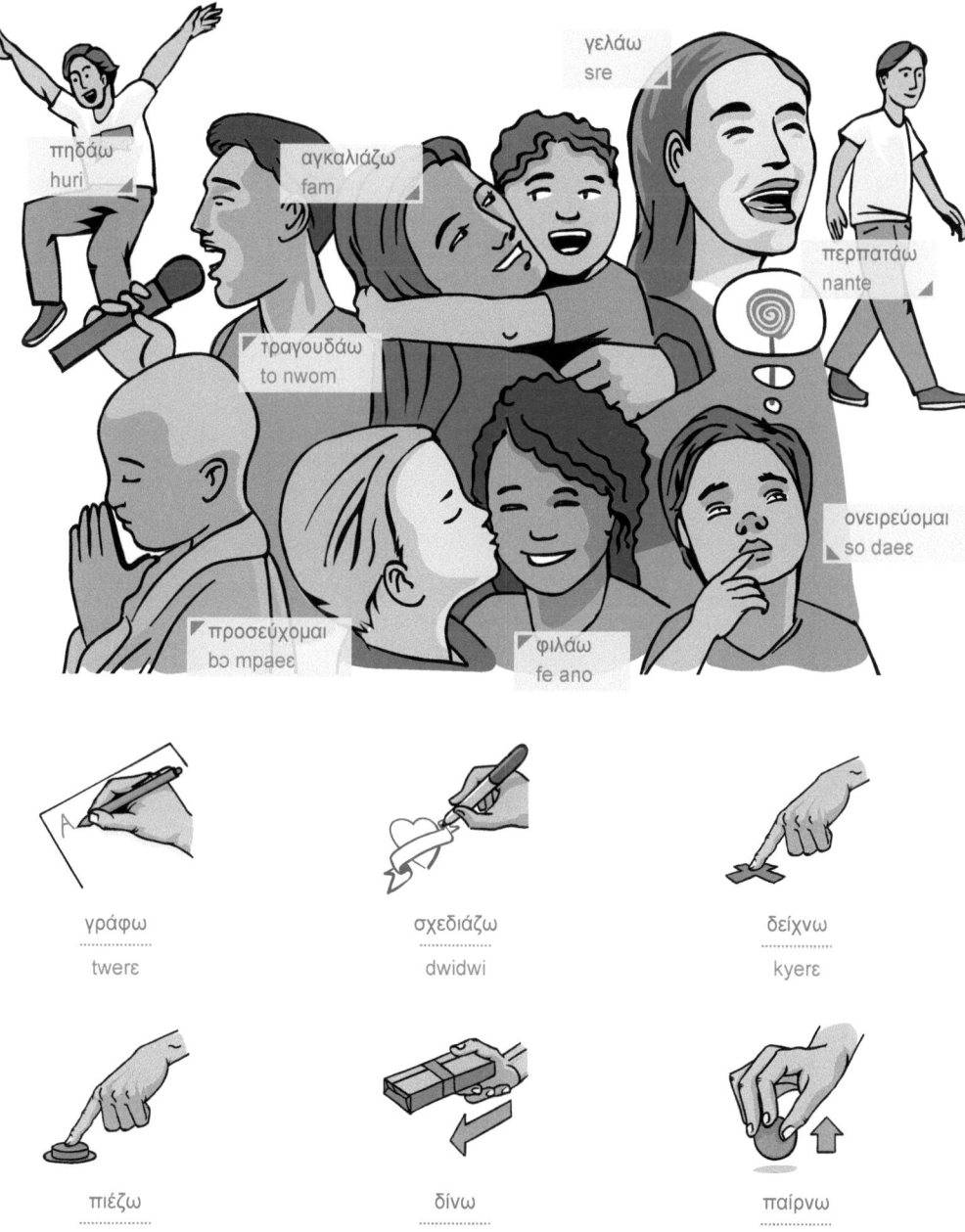

γελάω
sre

πηδάω
huri

αγκαλιάζω
fam

περπατάω
nante

τραγουδάω
to nwom

ονειρεύομαι
so daeɛ

προσεύχομαι
bɔ mpaeɛ

φιλάω
fe ano

γράφω
twerɛ

σχεδιάζω
dwidwi

δείχνω
kyerɛ

πιέζω
pia

δίνω
ma

παίρνω
fa

έχω

gye

κάνω

yɛ

είμαι

yɛ

στέκομαι

gyina

τρέχω

tu mirika

τραβάω

twe

ρίχνω

to

πέφτω

tɔ fam

ξαπλώνω

twa ntorɔ

περιμένω

twɛn

κουβαλώ

soa

κάθομαι

tena ase

φοράω

hyɛ atadeɛ

κοιμάμαι

da

ξυπνάω

sɔre

κοιτάω

hwɛ

κλαίω

su

χαϊδεύω

fa wo nsa fefa ho

χτενίζω

nunu wotirim

μιλάω

kasa

καταλαβαίνω

te aseɛ

ρωτάω

bisa

ακούω

tie

πίνω

nom

τρώω

didi

συγυρίζω

siesie

αγαπάω

dɔ

μαγειρεύω

noa

οδηγώ

ka kaa

πετάω

tu

κάνω ιστιοπλοΐα

ka

υπολογίζω

bo ho nkonta

διαβάζω

kan

μαθαίνω

sua

δουλεύω

yε adwuma

παντρεύομαι

ware

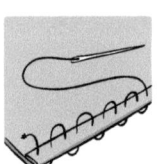

ράβω

pam

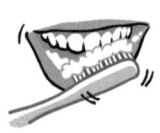

βουρτσίζω τα δόντια

twitwi wo se

σκοτώνω

kum

καπνίζω

hye

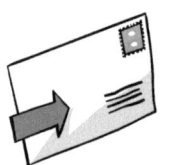

στέλνω

soma

οικογένεια
abusua

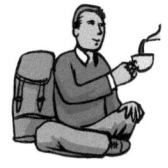

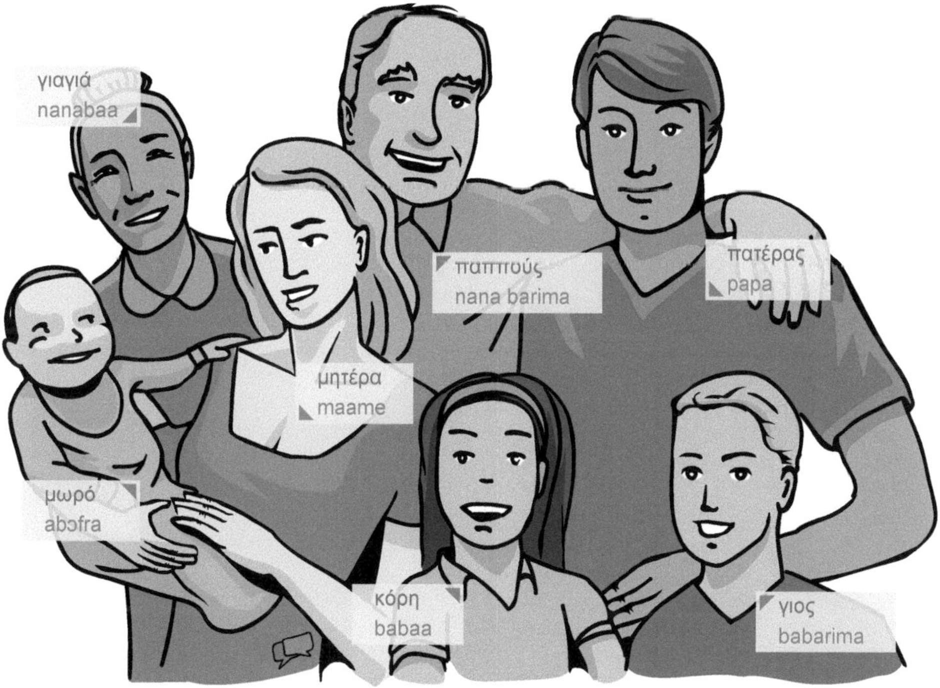

γιαγιά
nanabaa
παππούς
nana barima
πατέρας
papa
μητέρα
maame
μωρό
abɔfra
κόρη
babaa
γιος
babarima

καλεσμένος

ɔhɔhoɔ

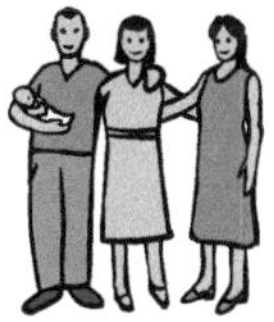

θεία

sewaa

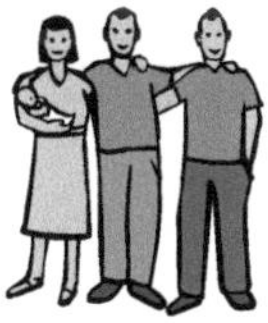

θείος

wɔfa

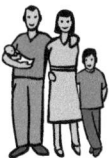

αδελφός

nua barima

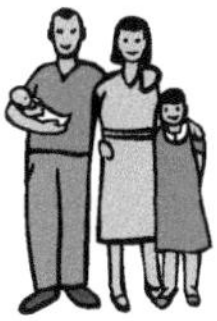

αδελφή

nuabaa

σώμα

nipadua

μέτωπο
moma
μάτι
ani
ώμος
abatire
δάχτυλο
nsatea
πρόσωπο
anim
πιγούνι
abodweɛ
χέρι
nsa
πόδι
nan
στήθος
nufuoɔ
βραχίονας
abasa

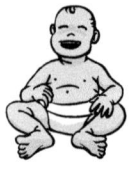

μωρό

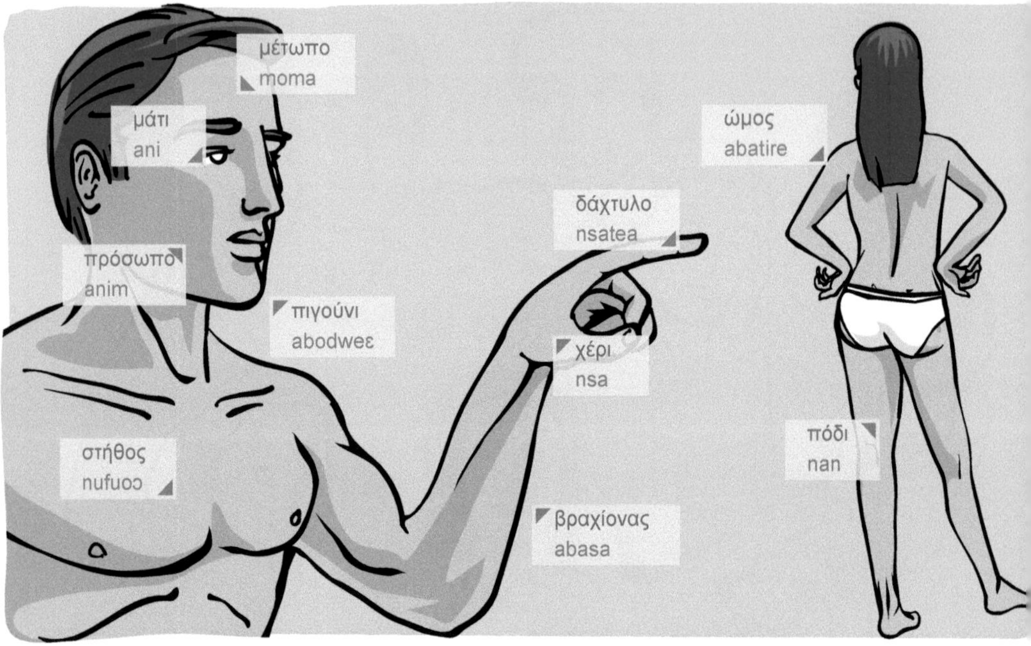

abɔfra

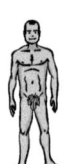

άνδρας

barima

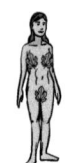

γυναίκα

ɔbaa

κορίτσι

abaayewa

αγόρι

abarimaa

κεφάλι

ɛtire

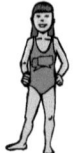

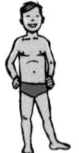

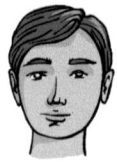

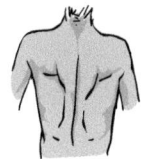

πλάτη

akyi

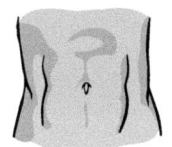

κοιλιά

yafunu

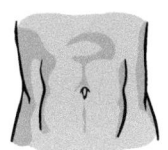

αφαλός

furuma

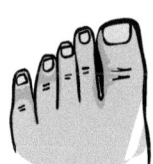

δάχτυλο ποδιού

nansoa

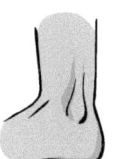

φτέρνα

nantini

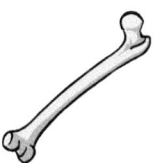

κόκκαλο

dompe

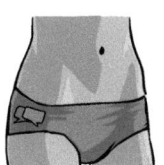

γοφός

sisi

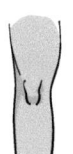

γόνατο

kotodwe

αγκώνας

abatwerε

μύτη

hwene

γλουτός

εtɔɔ

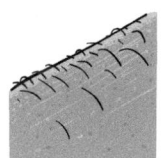

δέρμα

wedeε

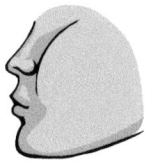

μάγουλο

afono

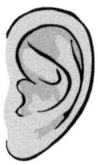

αυτί

aso

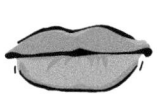

χείλος

ano

στόμα

ano

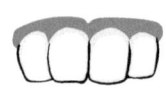

δόντι

εse

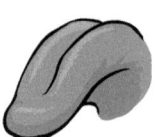

γλώσσα

tεkyerεma

εγκέφαλος

adwene

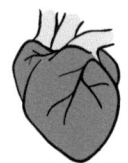

καρδιά

akoma

μυς

honam

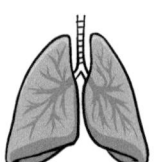

πνεύμονας

ahrawa

συκώτι

brεbɔɔ

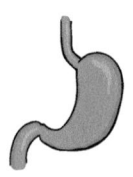

στομάχι

afuro

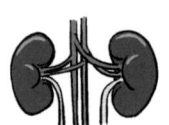

νεφρά

sawa

σεξουαλική επαφή

barima ne ɔbaa nna mu nhyiamu

προφυλακτικό

kɔndɔm

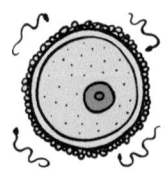

ωάριο

nkosua a εwɔ obaa mu

σπέρμα

barima ho nsuo

εγκυμοσύνη

nyinsεn

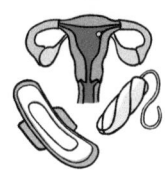

περίοδος

brayɔ

γυναικείος κόλπος

ɛtwɛ

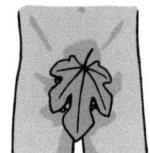

πέος

kɔtɛɛ

φρύδι

aniakyi nwii

μαλλιά

nwii

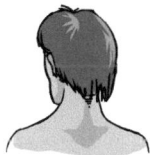

λαιμός

kɔn

νοσοκομείο
asopiti

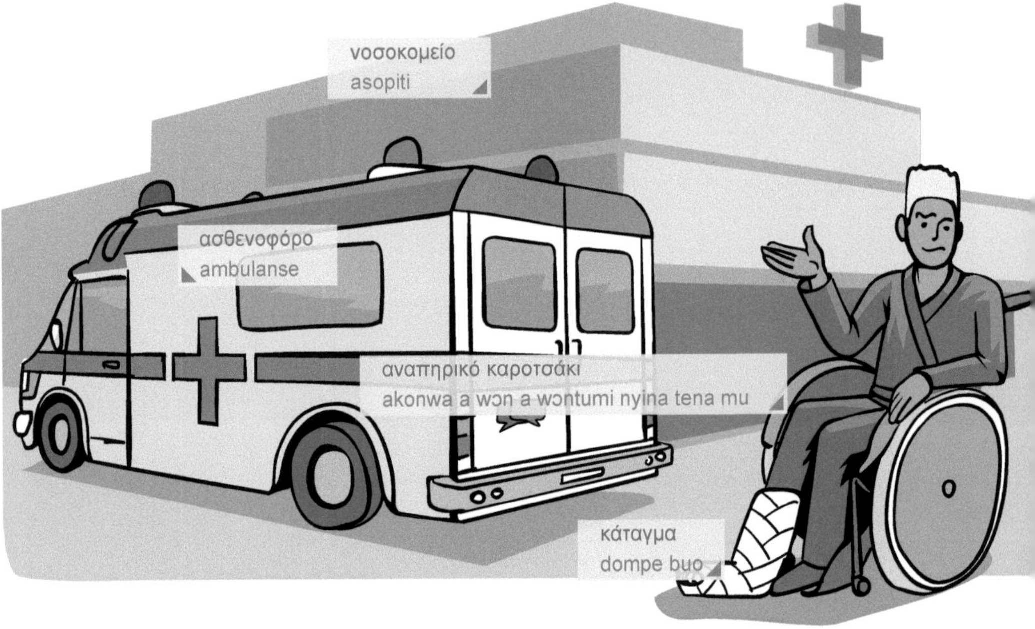

νοσοκομείο
asopiti

ασθενοφόρο
ambulanse

αναπηρικό καροτσάκι
akonwa a wɔn a wɔntumi nyina tena mu

κάταγμα
dompe buo

γιατρός

dɔkota

μονάδα εντατικής θεραπείας

ɛdan a wɔde wɔn a wɔn
apiɾa kɔ mu kɔhwɛ wɔn

νοσοκόμα

nɛɛse

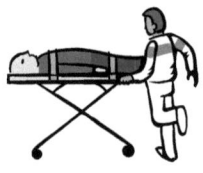

έκτακτη ανάγκη

putupru

λιπόθυμος

fenti

πόνος

yaw

τραύμα

pira

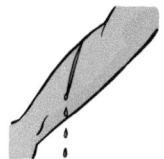

αιμορραγία

mogyatuo

έμφραγμα

akoma yareε

εγκεφαλικό

nwodwɔɔ yareε

αλλεργία

adeε wo honam mpε

βήχας

εwa

πυρετός

ahoɔhyeε

γρίπη

papu

διάρροια

ayεmhwie

πονοκέφαλος

tiripayε

καρκίνος

kokoram

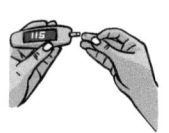

διαβήτης

asikyire yareε

χειρουργός

dɔkotani wɔpaepae obi sa
no yareε

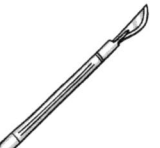

νυστέρι

sekamma

εγχείρηση

repaepae obi ho asa no
yareε

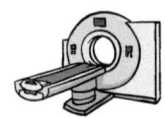

αξονική τομογραφία

CT

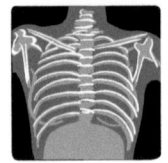

ακτινογραφία

x-ray

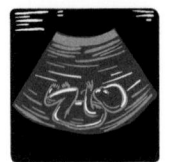

υπέρηχος

mfonin a wotwa de hwε awodeε mu

μάσκα

anim nkatadeε

ασθένεια

yareε

αίθουσα αναμονής

dan aa yεtwen wo mu

πατερίτσα

klokye

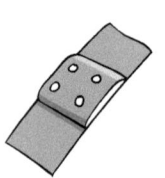

χάνσαπλαστ

plasta

επίδεσμος

bandege

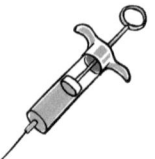

ένεση

paneε

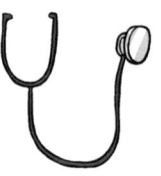

στηθοσκόπιο

afidie a wode tie dede wo nnipa ho

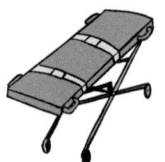

φορείο

mpa

θερμόμετρο

afidie wode hwε ahoohyeε

γέννηση

awoo

υπέρβαρο

kεseyε mmorosoo

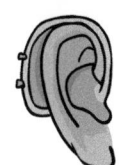

ακουστικό βαρηκοΐας

afidie a ɛboa ma obi te
asɛm yie

αντισηπτικό

aduro a wɔde ko tia
yaremmoa bateria

λοίμωξη

yareɛ nsaeɛ

ιός

yaremmoawa

HIV/AIDS

HIV / AIDS

φάρμακο

aduro

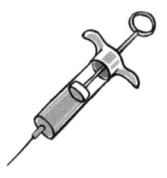

εμβολιασμός

nsianoaduru paneɛwɔ

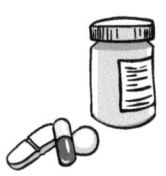

δισκία

nnuro a wɔmene

χάπι

aduro a wɔmene

κλήση έκτακτης ανάγκης

putupru frɛ

πιεσόμετρο αίματος

afidie a wɔde hwɛ sɛdeɛ
mogya di aforosane

άρρωστος / υγιής

yareɛ / ahuɔden

Βοήθεια!

Boa me!

συναγερμός

alam

βιαιοπραγία

repira obi

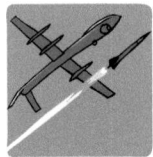

επίθεση

to hyɛ biribi so

κίνδυνος

amanɛɛ

έξοδος κινδύνου

kwan a wɔfa so pue berɛ
asɛm asi putupuru

Φωτιά!

Egya!

πυροσβεστήρας

adɛɛ a wɔde dum gya

ατύχημα

akwanhyia

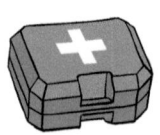

κουτί πρώτων βοηθειών

mmoa a edikan akadɛɛ

SOS

SOS

αστυνομία

polisi

Ευρώπη

Europe

Βόρεια Αμερική

North America

Νότια Αμερική

South America

Αφρική

Afriɔa

Ασία

Asia

Αυστραλία

Australia

Ατλαντικός Ωκεανός

Atlantic

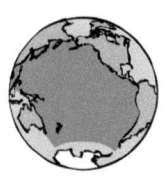

Ειρηνικός Ωκεανός

Pacific

Ινδικός Ωκεανός

Indian Ocean

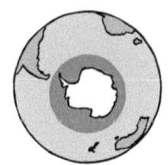

Ανταρκτικός Ωκεανός

Antartic Ocean

Αρκτικός Ωκεανός

Arctic Ocean

Βόρειος Πόλος

North Pole

Νότιος Πόλος

South Pole

Ανταρκτική

Atartica

Γη

Ewiase

γη

asaase

θάλασσα

ɛpo

νησί

ɛpoano

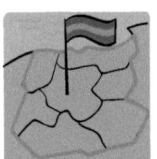

έθνος

ɔman

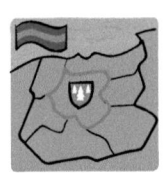

πολιτεία

ɔman

κανδράν ρολογιού

mmerε kyerεfɔɔ no anim

ωροδείκτης

dɔnhwere nsa

λεπτοδείκτης

sima nsa

δείκτης δευτερολέπτων

anitεtε nsa

Τι ώρα είναι;

Abɔ sεn?

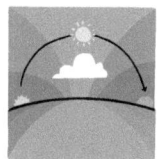

ημέρα

da

χρόνος

mmerε

τώρα

seisei ara

ψηφιακό ρολόι

abεεfo mmerε kyerεfɔɔ

λεπτό

sima

ώρα

dɔnhwere

εβδομάδα
nnawɔtwe

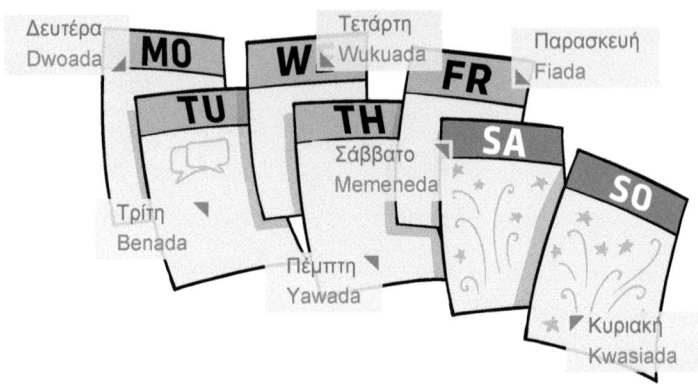

Δευτέρα Dwoada — MO
Τετάρτη Wukuada — W
Παρασκευή Fiada — FR
TU
TH
SA
Σάββατο Memeneda
Τρίτη Benada
Πέμπτη Yawada
SO
Κυριακή Kwasiada

χθες
enora

σήμερα
nnɛ

αύριο
ɔkyena

πρωί
anɔpa

μεσημέρι
awia

βράδυ
anwummerɛ

εργάσιμες ημέρες
adwuma nna

Σαββατοκύριακο
nnawɔtwe awieɛ

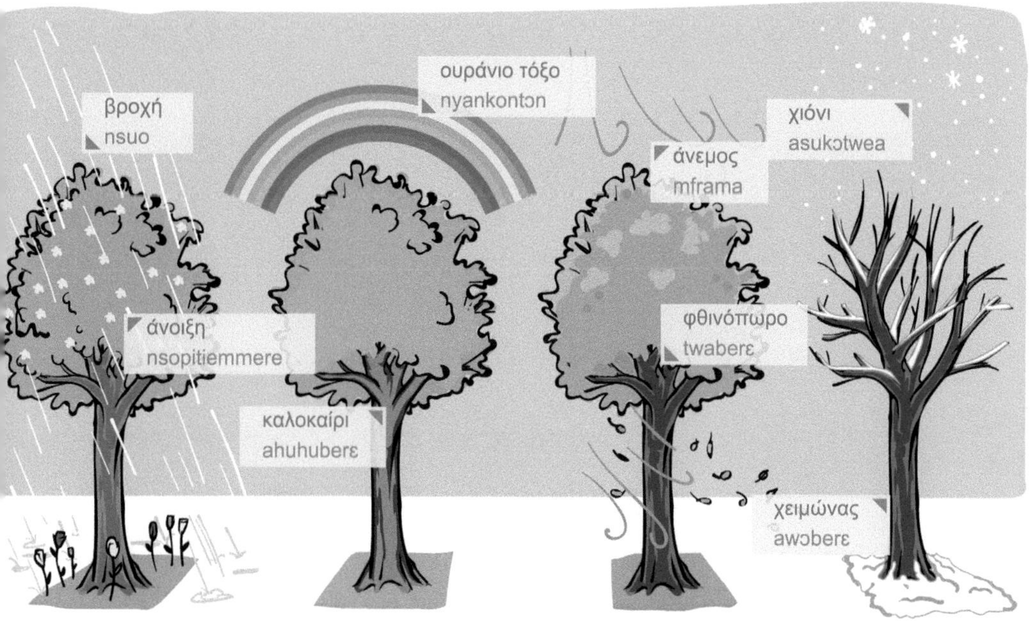

βροχή
nsuo

ουράνιο τόξο
nyankontɔn

χιόνι
asukotwea

άνεμος
mframa

άνοιξη
nsopitiemmere

φθινόπωρο
twaberɛ

καλοκαίρι
ahuhuberɛ

χειμώνας
awɔberɛ

4.APRIL	11°	☀
5.APRIL	4°	
6.APRIL	13°	
7.APRIL	8°	☀
8.APRIL	10°	☀

πρόγνωση καιρού

ewiemu nsesaeɛ

θερμόμετρο

afidie a wɔde hwɛ ahoɔhyeɛ

λιακάδα

awiabɔ

σύννεφο

munumkum

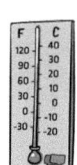

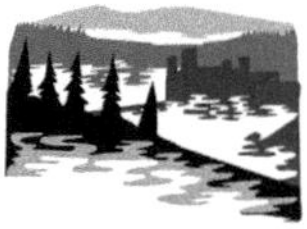

ομίχλη

ɛbɔ

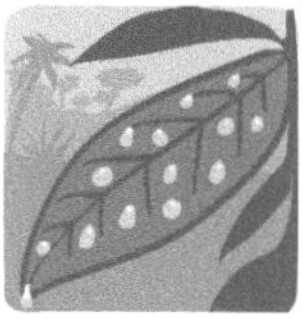

υγρασία

nsuo a ɛwɔ mframa mu

αστραπή

ayεrεmo

κεραυνός

agradaa

καταιγίδα

nsuden ne mframa

χαλάζι

sukɔtwea

μουσώνας

mframa a εde nsuo ba

πλημμύρα

nsuyiri

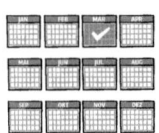

πάγος

asukɔtwea

Ιανουάριος

Ɔpεpɔn

Φεβρουάριος

Ɔgyefoɔ

Μάρτιος

Ɔbεnem

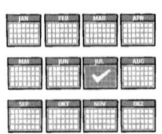

Απρίλιος

Oforisuo

Μάιος

Kotonimaa

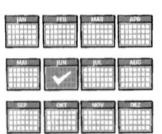

Ιούνιος

Ayεwohumumɔ

Ιούλιος

Kitawonsa

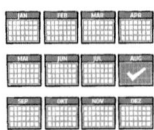

Αύγουστος

Ɔsanaa

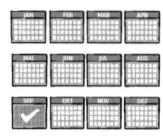

Σεπτέμβριος
εbɔ

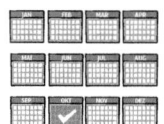

Οκτώβριος
Ahinime

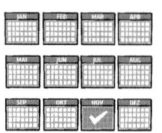

Νοέμβριος
Obubuo

Δεκέμβριος
☐pɛnimaa

σχήματα
bɔbea

κύκλος
kanko

τετράγωνο
ahenanan

ορθογώνιο
παραλληλόγραμμο
fasene

τρίγωνο
ahinasa

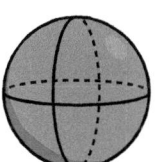

σφαίρα
kanko

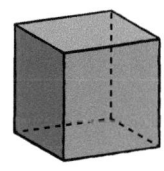

κύβος
ahenanan

άσπρο

fitaa

κίτρινο

akokɔsradeɛ

πορτοκαλί

akokɔsradeɛ

ροζ

memen

κόκκινο

kɔkɔɔ

μωβ

beredum

μπλε

bibire

πράσινο

ahabanmono

καφέ

dodoeɛ

γκρι

nson

μαύρο

tuntum

πολύ / λίγο

bebree / ketewa

θυμωμένος / ήρεμος

abufuo / brɛo

όμορφος / άσχημος

fɛfɛɛfɛ / tantantan

αρχή / τέλος

ahyɛasɛɛ / awiɛɛ

μεγάλος / μικρός

kɛsɛɛ / ketewa

φωτεινός / σκοτεινός

ɛhyerɛ / ɛdum

αδελφός / αδελφή

nua barima / nuabaa

καθαρός / λερωμένος

ɛho te / ɛfi

πλήρης / ατελής

wawie / onwieeyɛ

ημέρα / νύχτα

anopa / anadwo

νεκρός / ζωντανός

wawu / ɔtease

φαρδύς / στενός

emu bue/emu mmuɛɛ

βρώσιμος / μη βρώσιμος

yetumi di / yentumi nni

κακός / ευγενικός

bɔne / papa

ενθουσιασμένος / βαριεστημένος

anigyeɛ / w'ani nka

παχύς / λεπτός

kɛseɛ / hwea

πρώτος / τελευταίος

di kan / ka akyi

φίλος / εχθρός

adanfo / atanfo

γεμάτος / άδειος

ayɛ ma / hwee nnimu

σκληρός / μαλακός

dendenden / mrɛmrɛmrɛ

βαρύς / ελαφρύς

emu ye duru / emu yɛ ha

πείνα / δίψα

ɛkɔm / nsukɔm

άρρωστος / υγιής

yareɛ / ahuɔden

παράνομος / νόμιμος

ɛnfa mmrakwanso / mmrakwanso

έξυπνος / χαζός

nimdifo / gyimifo

αριστερός / δεξιός

benkum / nifa

κοντινός / μακρινός

ɛbɛn / emu ware

καινούριος /
μεταχειρισμένος

foforo / dada

τίποτα / κάτι

εnyε hwee / biribi

γέρος | νέος

panyin / abɔfra

αναμμένος / σβηστός

sɔ / dum

ανοιχτός / κλειστός

bue / yatom

χαμηλόφωνος /
μεγαλόφωνος

dinn / dede

πλούσιος / φτωχός

sikani / ohiani

σωστός / λανθασμένος

papa / bɔne

τραχύς / λείος

wewerεwewerε / tromtrom

λυπημένος / χαρούμενος

awerehoɔ / anigye

κοντός / μακρύς

tiatia / tentene

αργός / γρήγορος

brεoo / ntεm

υγρός / στεγνός

afɔ / awo

ζεστός / δροσερός

εyε hye / adwo

πόλεμος / ειρήνη

ntɔkwa / asomdwoe

0	**1**	**2**
μηδέν	ένα	δύο
ohunu	baako	mmienu
3	**4**	**5**
τρία	τέσσερα	πέντε
mmiensa	nan	num
6	**7**	**8**
έξι	εφτά	οκτώ
nsia	nson	nwɔtwe
9	**10**	**11**
εννιά	δέκα	έντεκα
nkron	du	du-baako

12	**13**	**14**
δώδεκα	δεκατρία	δεκατέσσερα
du-mmienu	du-mmiensa	du-nan

15	**16**	**17**
δεκαπέντε	δεκαέξι	δεκαεφτά
du-num	du-nsia	du-nson

18	**19**	**20**
δεκαοκτώ	δεκαεννέα	είκοσι
du-nwɔtwe	du-nkron	aduonu

100	**1.000**	**1.000.000**
εκατό	χίλια	εκατομμύριο
ɔha	apem	ɔpepe

Αγγλικά

Brofo kasa

Αμερικάνικα Αγγλικά

Amerika Brɔfo

Μανδαρίνικα Κινέζικα

Chinese Mandarin

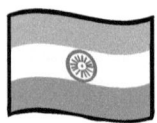

Χίντι

Hindi

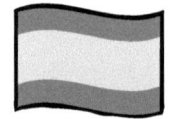

Ισπανικά

Spanish

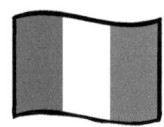

Γαλλικά

French

Αραβικά

Arabic

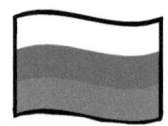

Ρώσικα

Russian

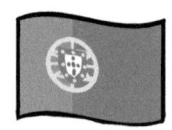

Πορτογαλικά

Portuguese

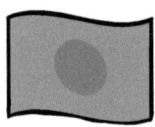

Μπενγκάλι

Bengali

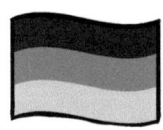

Γερμανικά

German

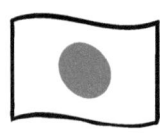

Ιαπωνικά

Japanese

εγώ

me

εσύ

wo

αυτός / αυτή / αυτό

ɔno

εμείς

yɛn

εσείς

wo

αυτοί / αυτές / αυτά

wɔn

ποιος / ποια / ποιο;

hwan?

τι;

aden?

πώς;

sɛn?

πού;

ɛhefa?

πότε;

dabɛn?

όνομα

din

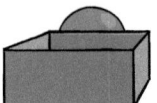

πίσω

n'akyi

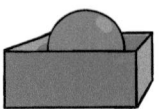

μέσα

εmu

μπροστά

wɔ n'anim

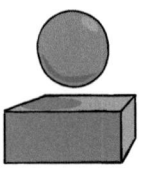

πάνω από

soro

πάνω

so

κάτω

asεε

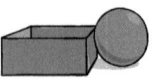

δίπλα

nkyene

ανάμεσα

ntam

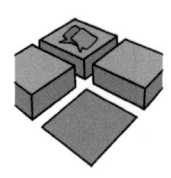

μέρος

fa hyε